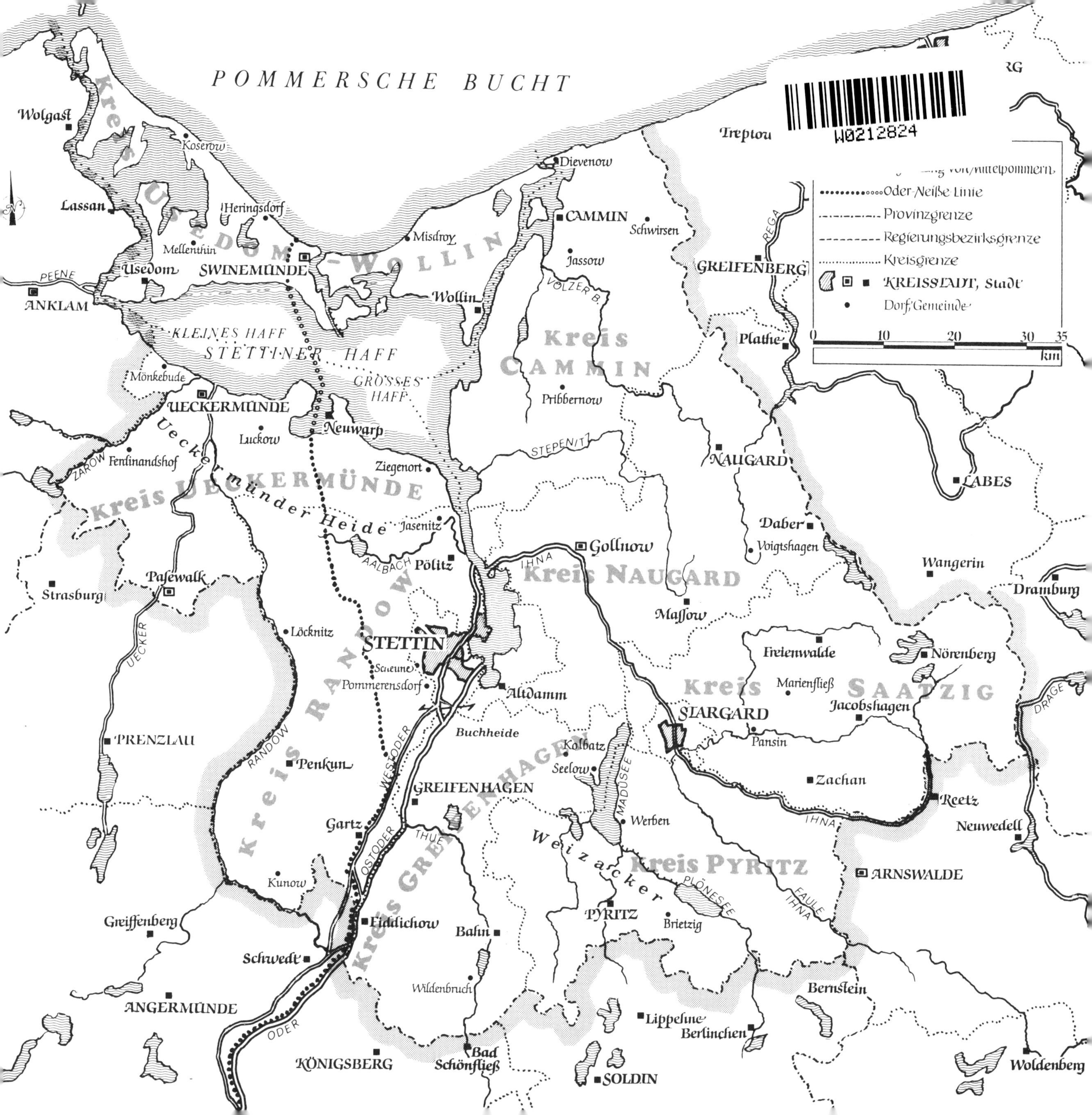
POMMERSCHE BUCHT
Wolgast
Koserow
Lassan
Heringsdorf
Mellenthin
Usedom
SWINEMÜNDE
Misdroy
PEENE
ANKLAM
Kreis USEDOM-WOLLIN
Wollin
Dievenow
CAMMIN
Schwirsen
Jassow
Treptow
GREIFENBERG
REGA
Plathe
VOLZER B.
Kreis CAMMIN
Pribbernow
KLEINES HAFF
STETTINER HAFF
GROSSES HAFF
Mönkebude
UECKERMÜNDE
Neuwarp
Luckow
ZAROW
Ferdinandshof
Ueckermünder Heide
Kreis UECKERMÜNDE
Ziegenort
STEPENITZ
NAUGARD
LABES
Jasenitz
AALBACH
Pölitz
Gollnow
IHNA
Kreis NAUGARD
Daber
Voigtshagen
Wangerin
Dramburg
Pasewalk
Strasburg
Löcknitz
UECKER
STETTIN
Scheune
Pommerensdorf
Altdamm
Kreis RANDOW
Massow
Freienwalde
Nörenberg
Marienfließ
Kreis SAATZIG
Jacobshagen
DRAGE
STARGARD
Pansin
Buchheide
Kolbatz
Seelow
MADÜSEE
PRENZLAU
RANDOW
Penkun
WESTODER
GREIFENHAGEN
Kreis GREIFENHAGEN
Zachan
Reetz
Neuwedell
Gartz
OSTODER
THUE
Werben
Weizacker
Kreis PYRITZ
PLÖNESEE
FAULE IHNA
ARNSWALDE
Kunow
Greiffenberg
Fiddichow
Bahn
PYRITZ
Brietzig
Schwedt
Wildenbruch
Bernstein
ANGERMÜNDE
ODER
Lippehne
Berlinchen
KÖNIGSBERG
Bad Schönfließ
SOLDIN
Woldenberg
Oder-Neiße Linie
Provinzgrenze
Regierungsbezirksgrenze
Kreisgrenze
KREISSTADT, Stadt
Dorf/Gemeinde
0
10
20
30
35
km

Manfred Vollack

STETTIN UND MITTELPOMMERN

Land an Oder und Ostsee

Manfred Vollack

STETTIN UND MITTELPOMMERN

Land an Oder und Ostsee

Mit 96 farbigen Großfotos

FLECHSIG

Umwelthinweis:
Dieses Buch und der Umschlag wurden auf chlorfrei gebleichtem Papier gedruckt.
Die Einschrumpffolie – zum Schutz vor Verschmutzung – ist aus umweltverträglichem und recyclingfähigem PE-Material.

Titelbild: Das Städtische Museum auf der Hakenterasse in Stettin (Foto: Jarschel)
Zeichnungen: Ernst R. Döring und Bruno Koglin

Sonderausgabe für Flechsig-Buchvertrieb
Genehmigte Lizenzausgabe für Verlagshaus Würzburg GmbH & Co. KG, Würzburg

Originalausgabe: Adam Kraft Verlag, Würzburg
Gesamtherstellung: Egedsa, Sabadell
Printed in Spain 2000
ISBN 3-88189-355-5

LAND AN ODER UND OSTSEE

Die Oder ist nach Rhein, Donau und Elbe der *vierte* der großen Ströme Deutschlands; auch sie hat einen langen Lauf zurückzulegen, bis sie sich nach 912 km in die Ostsee ergießt.
Von den Höhen des Odergebirges herabströmend, tritt sie durch die Mährische Pforte nach *Schlesien* ein, dieses von sonnigen Fluren bedeckte, gesegnete Land, fließt an Breslau vorbei, der vieltürmigen Hauptstadt dieser Provinz, und nimmt von Süden die Glatzer Neiße, den Bober und die Lausitzer Neiße auf. Unweit von Grünberg erreicht sie die *Mark Brandenburg,* diese herbe, vom harzigen Duft der Kiefern und von Sumpf und Sand erfüllte Landschaft, aus der vier große Preußenkönige das Herzland Deutschlands gemacht haben. Frankfurt/Oder, die alte Handels- und Universitätsstadt und das traditionsreiche Küstrin, die preußische Festung an Warthe und Oder passiert sie. Nun wälzt sich der Strom durch das weite Oderbruch – einst eine Sumpfwildnis, heute der Gemüsegarten Berlins.
Bald nach Schwedt erreicht sie ihre letzte Etappe – *Mittelpommern.* Erst hier wird sie zum *Strom,* ja, nicht genug, sie teilt sich, bildet Nebenarme und muß doch einer ihrer Töchter den Vortritt lassen, der Großen Reglitz. Diese kann gar nicht schnell genug das große Wasser erreichen: Der Dammsche See nimmt sie auf und schickt sie mit seinen eigenen Fluten an die Mutter zurück, die nun ihren Namen aufgibt und gewaltige Ausmaße annimmt. Der Dammansch erweitert sich zum Papenwasser, und dieses fließt zu einem riesigen Haff auseinander, sich an den Inseln Usedom und Wollin stauend. Nur mühsam zwängen sich die Wasser an diesen vorbei zum großen Meer: Peene, Swine und Dievenow bilden die letzten Kilometer des Oderstromes.
Land an Oder und Ostsee – nur der *Zentralraum Pommerns* kann von sich sagen, Anteil an der Stromlandschaft *und* der Küstenzone zu haben. Er ist der wohl vielgestaltigste, interessanteste und geschichtsträchtigste Teil Pommerns, ein Land voller *Gegensätze,* eine Landschaft der *Übergänge,* aber – *kein* Grenzland.
Das ist es erst nach 1945 geworden, ganz *gegen* seine Natur; denn nur die Ahnungslosen können glauben, daß große Ströme *trennen.* Düsseldorf, Köln, Mainz, Mannheim und Basel leben davon, daß sie Brückenbauer sind über ihren Rheinstrom. Was wäre Hamburg ohne seine Elbe, und erst Magdeburg und Dresden?
Stettin aber, unserer pommerschen Hauptstadt, hat man diese trennende Rolle zugemutet – doch nicht ganz: Im letzten Augenblick erkannte man in jenem unseligen Sommer 1945 die Brückenfunktion auch dieser Stadt und verschob die teilende Grenze weg von der Oder nach Westen.
Wir wollen sie überspringen, ganz *bewußt* in diesem Buch *zusammenfügen, was zusammengehört* und von anderen 1945 auseinandergerissen wurde: Acht pommersche Kreise, in Geschichte und Gegenwart, rechts und links der Oder, eben – *Mittelpommern* und sein Herz *Stettin.*

Manfred Vollack

LAND ZWISCHEN ODER UND OSTSEE
MITTELPOMMERN

Der Begriff

Mittelpommern – was ist das? Diese Frage steht im Raum, denn die Begriffe *Vor-* und *Hinterpommern* sind den meisten, die überhaupt etwas vom „Land am Meere" wissen, durchaus bekannt. Gelegentlich hört man auch etwas von *Ostpommern* bzw. *Westpommern*, manchmal ist auch von *Alt-Pommern* die Rede. Aber Mittelpommern?

Klären wir erst einmal diesen Wirrwarr: *Vor-* und *Hinterpommern* sind *historische* Begriffe, die sich seit der schwedischen Zeit herausbildeten, als das Land geteilt war. Der westliche Bereich, etwa bis zur Oder und einschließlich der Inseln Usedom und Wollin, wurde seit 1648 als Vorpommern bezeichnet, weil er aus der Sicht des Reiches *vor* der Oder liegt. Jenseits oder *hinter* der Oder erstreckt sich damit logischerweise Hinterpommern. Die Grenze zwischen beiden war noch bis 1939 in den Kreisgrenzen ablesbar: Die Dievenow, das Stettiner Haff, Dammscher See und Oderniederung markierten eine natürliche Trennung, die historisch nur eine sehr untergeordnete Rolle spielte. Der vorpommersche Kreis Randow griff mit 8 Gemeinden, darunter die Stadt Altdamm, schon nach Osten über die Oder hinaus. Da andererseits seit 1945 die Oder-Neiße-Linie in diesem Raum westlich der Oder verläuft und das vorpommersche Stettin der polnischen Verwaltung überläßt, sprechen wir, wenn wir den heute polnisch beherrschten Teil Pommerns meinen, von *Ostpommern* (einschließlich der 1938 einverleibten 7 Kreise der Grenzmark und Neumark), und den Teil, der 1945 zur Sowjetischen Besatzungszone kam, bezeichnen wir als *Westpommern*. *Alt-Pommern* ist das Gebiet der bis 1938 bestehenden Provinz Pommern, *ohne* die ihr in jenem Jahre angegliederten Kreise der Grenzmark und Neumark.

Mittelpommern ist im Gegensatz zu diesen von der Geschichte her geformten Bezeichnungen ein *geographischer* Begriff, der den *Zentralraum Pommerns* zu beiden Seiten der unteren Oder in einem ungeteilten Pommern meint. Der von Süden nach Norden verlaufende Wasserweg dieses Stromes bildet dabei die Leitachse, um die sich 8 Landkreise und 2 kreisfreie Städte gruppieren: Die untenstehende Tabelle gibt einen Überblick über die Zusammensetzung, den Flächeninhalt und die Bevölkerung dieses Raumes nach dem Stande vom 1. 9. 1939. Da sich am 15. 10. 1939 durch eine Gebietsreform erhebliche Änderungen ergeben haben, sind die neueren

Gebiet und Bevölkerung Mittelpommerns

Gebiet	Fläche in qkm	Einwohner 1939
Vorpommerscher Anteil		
Kr. Randow	1350,5	139061
Kr. Ueckermünde	832,1	61558
nach dem 15. 10. 1939:	*1284,8*	*80211*
Stadtkr. Stettin	81,8	271575
nach dem 15. 10. 1939:	*460,9*	*382984*
Kr. Usedom-Wollin	690,7	83479
	2955,1	555673
Hinterpommerscher Anteil		
Kr. Greifenhagen	965,8	58572
nach dem 15. 10. 1939:	*1453,7*	*69326*
Kr. Pyritz	1046,1	48418
Stadtkr. Stargard	42,1	39760
Kr. Saatzig	1176,7	43258
Kr. Naugard	1228,9	63075
nach dem 15. 10. 1939	*1261,9*	*61320*
Kr. Cammin	1138,5	45694
	5598,1	298777
Mittelpommern zusammen:	8553,2	854450
davon 1945 östlich der Oder-Neiße-Linie	7074,4	739168
davon 1945 zur SBZ/ehem. DDR	1478,8	115282

Zahlen in kursiver Schrift hinzugefügt. Mittelpommern umfaßt demnach 22,5 v. H. der Gesamtfläche Pommerns, 4/5 stehen seit 1945 unter polnischer Herrschaft.

Landschaftsbild

Das somit nach *Verwaltungsbezirken* abgegrenzte Mittelpommern setzt sich aus vier Teillandschaften zusammen:
1. Das *Odermündungsgebiet* umfaßt die Kreise Usedom-Wollin, Ueckermünde und Cammin;
2. das *Oderniederungsgebiet,* zu dem die Kreise Randow, Greifenhagen und Pyritz zu rechnen sind;
3. dem *Hinterpommerschen Küstengebiet* ist der Kreis Naugard zuzuordnen und
4. zum *Hinterpommerschen Binnenland* gehören die Stadt Stargard und der Kreis Saatzig.

Diese Einteilung sagt noch wenig über die topographischen Verhältnisse aus. Der Blick auf die Landkarte zeigt uns, daß wir es mit einem der vielgestaltigsten Räume Pommerns zu tun haben.

Das Ostseeküstengebiet weist einen festländischen (Kreis Cammin) und einen insularen Teil aus. Diesen bilden die beiden großen Inseln *Usedom* und *Wollin;* mit 445 bzw. 248 qkm sind sie nach Rügen Deutschlands größte Inseln. Sie zeigen einen Formenschatz, der an der Ostsee dem Typus der *Ausgleichsküste*, am binnenwärts gelegenen Stettiner Haff dem Erscheinungsbild der mecklenburgisch-vorpommerschen *Boddenküste* entspricht. Die beiden äußeren der drei Oderarme weisen starke seenartige Verbreiterungen auf: Von der *Peene* reicht das *Achterwasser* tief in die Insel Usedom hinein, und die *Dievenow* weitet sich in ihrem Nordabschnitt zum *Camminer Bodden,* an dessen Südende die 9 qkm große Insel *Gristow* liegt.

Die Küsten der Inseln Usedom und Wollin zeigen – zueinander einen stumpfen Winkel bildend (die Pommersche Bucht) – bei aller Gleichförmigkeit des Ausgleichs doch Unterschiede: Partien von zum Teil sehr hohen *Steilküsten* (Strek-

Schloß der pommerschen Herzöge in Stettin (Ansicht von Merian, 1652)

kelsberg bei Koserow bis 60 m, Gosanberg bei Misdroy 95 m) wechseln mit sandigen flachen *Strandabschnitten* ab, vor allem in der sog. *Swinepforte.* Diese Landschaft zwischen den nordsüdlich verlaufenden Endmoränenzügen von Heringsdorf und Misdroy – Lebbin wurde in der Nacheiszeit von der Küstenströmung zugeschwemmt. Den trockenfallenden Sand wehte der Wind zu Binnendünen auf, zwischen denen die Oderwässer sich ein Tief zur Ostsee offenhielten, die *Swine.* Sie stellt den Hauptabfluß der Oder dar und hat zum Stettiner Haff hin ein Binnendelta gebildet, eine aus über 40 kleineren Inseln bestehende Sumpflandschaft.

Binnenwärts der Inseln Usedom und Wollin erstreckt sich das *Stettiner Haff,* aus durchsichtigen politischen Gründen neuerdings auch „Oderhaff" genannt. Es ist der Überrest eines eiszeitlichen Stausees, der sich vor dem abschmelzenden Inlandeis bildete und erst nach Norden abfloß, als der Eispanzer zurückwich. Dadurch senkte sich der Seespiegel auf das Meeresniveau und gab große Talsandflächen frei, die, in der unmittelbar auf die Eiszeit folgenden kalten Klimaperiode dem Spiel des Windes preisgegeben, ebenfalls zu Binnendünen aufgeweht wurden. Es sind die heutigen riesigen Kiefernwaldungen der *Ueckermünder* und *Gollnower Heide* rechts und links von unterer Oder und Dammschem See.

Mordkreuz in Sommersdorf, Kr. Randow (1423)

Daran schließt sich eine fruchtbare *Grundmoränenlandschaft* an, die nach Süden hin allmählich zum *Pommerschen Landrücken* ansteigt und von vereinzelten Stauch- und Endmoränen überragt wird. Die höchste dieser Art ist die bis 150 m hohe *Buchheide.* Zwei Senken zerteilen diese Landschaft in einzelne *Platten:* das stark eingetiefte, vermoorte *Odertal* und die *Madü-Plöne-Niederung.* Teile dieser Senken sind noch von Seen ausgefüllt *(Dammscher See, Madü-* und *Plöne-See),* d. h. der Verlandungsprozeß ist hier noch nicht zum Abschluß gekommen.

Der Raum *Stettin* zeigt die größte *Reliefenergie,* d. h. die größten Unterschiede zwischen den höchsten Erhebungen und den tiefliegenden Stellen; der immer wieder beeindrukkende Wechsel von Wald, Wiese und Feld sowie von Land und Wasser machen diese Region zur wohl attraktivsten Binnenlandschaft Pommerns.

Die Menschen

Ein gutes Drittel der Bevölkerung Pommerns lebte hier, davon allein fast 400000 in der pommerschen Hauptstadt *Stettin.* Der Rest verteilte sich weitgehend auf das flache Land und auf 24 mittlere und kleine Städte, deren Einwohnerzahlen und Gründungsdaten in einer Tabelle zusammengestellt sind.

Die Bevölkerung der Kreise Ueckermünde, Randow, der Stadt Stettin, des Kreises Greifenhagen und auch noch des

Kreises Pyritz gehörte einem Gebiet an, in dem ein den *märkischen Mundarten* verwandter *Dialekt* gesprochen wurde. Besonders deutlich klang dies aus der Umgangsspra-

Die Städte Mittelpommerns

	Stadtrecht seit	Einwohner 1939	(in 1000) 1980
Altdamm	1260	16,2	. [1]
Bahn	1234	2,9	6,4[2]
Cammin	1274	6,1	8,1
Daber	vor 1331	2,5	2,2
Fiddichow	1347	2,5	5,5[2]
Freienwalde i. Pom.	1338	3,4	2,3
Gartz	1249	4,2	2,5
Gollnow	1268	13,7	19,1
Greifenhagen	1254	9,9	15,3
Jacobshagen	vor 1336	2,0	2,0
Massow	1278	3,8	3,0
Naugard	1309	8,1	11,3
Neuwarp	vor 1442	2,1	1,3
Nörenberg	vor 1300	3,0	1,7
Pasewalk	um 1250	12,6	15,4
Penkun	vor 1284	1,9	1,7
Pölitz	1260	6,4	24,8[3]
Pyritz	1263	11,3	11,6
Stargard	1243?	39,8	59,2
Stettin	1243	383,0[4]	388,3
Swinemünde	1765	30,2	47,1[5]
Ueckermünde	um 1260	8,9	11,7
Usedom	1298	1,9	2,8
Wollin	vor 1278	4,8	3,5
Zachan	vor 1487	1,3	1,2

[1]) seit 15. 10. 1939 Stettiner Stadtteil
[2]) seit 1945 ländliche Großgemeinde, zu der auch zahlreiche Dörfer gehören
[3]) mit Jasenitz
[4]) mit den am 15. 10. 1939 eingemeindeten Orten
[5]) mit Misdroy und dem Westteil der Insel Wollin

Ältestes Siegel der Stadt Stettin (13. Jh.)

che der Stettiner heraus, die viel Ähnlichkeit mit der „Berliner Schnauze“ aufwies, jedoch ohne deren Pfiffigkeit und Mutterwitz – die Pommern waren eben langsamer...
Dieser „Märkische Keil“ ging nach Osten jenseits der Ihna allmählich in die eigenständige Mundart *Hinterpommerns* über, nach Westen fand er an der Zarow und am Haff klare Grenzen. Die Inseln Usedom und Wollin stellten ein Übergangsgebiet zwischen den vor- und hinterpommerschen Mundarten dar.
Diese Verteilung der Dialekte spiegelte übrigens in genauer Weise den Gang der deutschen *Besiedlung* im Mittelalter wider, die zum einen entlang der Küste und zum anderen aus der Mark Brandenburg heraus die untere Oder abwärts erfolgt war.

Geschichte

Die Vergangenheit dieses Landes zu beiden Seiten der unteren Oder ist infolge seiner zentralen Lage zugleich auch in vielem die Geschichte des *ganzen* Pommern gewesen. Es würde zu weit führen, hier eine Abhandlung zu wagen.

Daher seien nur die wichtigsten Daten in Stichworten herausgehoben:

Bis zum *5. Jahrhundert* ist Pommern von germanischen Völkerschaften (Rugiern, Burgundern) bewohnt, die in der Zeit der Völkerwanderung das Land weitgehend verlassen.

Seit dem *6. Jahrhundert* wandern kleine slawische Gruppen in Pommern ein, vermischen sich mit den wenigen zurückgebliebenen Germanen und bilden einen eigenen Stamm, die „Pomoranen", die sich nach ihrem Wohnsitz „am Meere" ihren Namen geben – im Gegensatz zu den „Polanen" (= Polen, d.h. den „Feldbewohnern", Binnenländern).

Vom *10.–12. Jahrhundert* suchen Wikinger die pommersche Küste auf und setzen sich in der Jomsburg (Julin, das heutige Wollin) fest.

Alte Gasse nahe beim Stettiner Schloß

Um *972 – nach 1000* ist Pommern vorübergehend unter polnischer Herrschaft, der Versuch der Christianisierung (1000 Bistumsgründung in Kolberg) scheitert.

1107–1121 erobert der polnische Herzog Boleslaw III. Schiefmund Pommern erneut.

1124/1125 und 1128 besucht der fränkische Bischof Otto von Bamberg in polnischem Auftrag auf zwei Missionsreisen Pommern und tauft in Pyritz, Stettin, Wollin und anderen Orten zahlreiche Bewohner. Auf dem 1125 zusammengetretenen Landtag zu Usedom wird die Einführung des Christentums beschlossen.

1138 wird Pommern nach dem Tode Boleslaws III. wieder frei.

1140 wird in Wollin ein Bistum für Pommern errichtet, das endgültig 1182 nach Cammin verlegt wird, wo man schon seit 1175 an einem Dom baute. Dieses Bistum bleibt bis zur Reformation exemt, d. h. es ist dem Papst direkt unterstellt.

Um 1156 gründen in Grobe auf Usedom Prämonstratensermönche das zweite Kloster in Pommern (das erste entstand um 1150 in Stolpe an der Peene).

1173 gründen Zisterziensermönche aus dem dänischen Esrom in Kolbatz das erste Feldkloster Hinterpommerns. In diesem Zusammenhang wird eine „villa theutonicorum", ein Dorf der Deutschen, erwähnt: Es ist das spätere Hohenkrug, dessen hier erfolgte Erwähnung somit den Beginn der deutschen Besiedlung Pommerns markiert.

1181 belehnt Kaiser Friedrich I. Barbarossa vor den Toren Lübecks den pommerschen Fürsten Bogislaw I. mit seinem Land. Pommern wird damit ein Teil des Heiligen Römischen Reiches.

1187 sind in Stettin der aus Franken stammende Kaufmann Beringer und eine deutsche Kirchengemeinde zu St. Jakobi nachweisbar. Erstes Auftreten deutscher Bürger in Stettin.

1231 spricht Kaiser Friedrich II. den Markgrafen von Brandenburg die Oberlehnshoheit über Pommern zu. Diese leisten in der Folgezeit dagegen Widerstand. Es entspinnt sich ein fast 300 Jahre währender Streit um die Reichsunmittelbarkeit Pommerns.

1234 schenkt Herzog Barnim I. dem Templerorden das Land Bahn. Erste Erwähnung einer deutschrechtlichen „civitas“ Bahn, Beginn deutscher Stadtgründungen in Pommern.

1243 erhält Stettin von Barnim I. das magdeburgische Stadtrecht.

1250 verliert Pommern durch den Vertrag von Landin die Uckermark an Brandenburg. Gleichzeitig dringen seit dieser Zeit die Markgrafen dieses Landes in der Neumark vor und nehmen sie bis zum Ende des Jahrhunderts in Besitz.

1278 ist Stettin als Mitglied der Hanse bezeugt. Auf dem Höhepunkt der hansischen Macht gehören mindestens 17 pommersche Städte diesem Bund an.

1295 wird Pommern in die Herzogtümer Pommern-Stettin und Pommern-Demmin (später P.-Wolgast) geteilt.

1320 gewinnt Pommern nach dem Aussterben der Askanier in der Mark Brandenburg große Teile der Uckermark zurück.

1338 Pommern erhält auf dem Reichstag zu Frankfurt/Main vom Kaiser die Reichsstandschaft verliehen, anerkennt aber die Erbanwartschaft Brandenburgs in Pommern.

1348 erreichen die Pommernherzöge von Kaiser Karl IV. die Belehnung ihrer Länder zu gesamter Hand und damit die Aufhebung des Erbanfallrechtes der Brandenburger sowie das Amt des Reichsjägermeisters. Die beiden pommerschen Herzogtümer befinden sich auf dem Höhepunkt ihrer Macht.

1348–1351 rafft der „Schwarze Tod“ (die Pest) auch in Pommern mindestens 1/4 der Bevölkerung dahin.

1370 Im Frieden zu Stralsund setzen die Hansestädte gegen König Waldemar IV. von Dänemark Handelsfreiheiten und ein Mitspracherecht bei der dänischen Thronfolge durch. Die Hanse steht auf dem Höhepunkt ihrer Macht.

1425–1478 erlebt Pommern durch zahlreiche Erbteilungen die Zeit seiner größten dynastischen Zersplitterung.

Die 1789 ausgebrannte Marienkirche in Stettin

1464–1472 tobt der Stettiner Erbfolgekrieg, der nach dem Aussterben der Stettiner Linie (1464) durch das Eingreifen Brandenburgs ausgelöst wurde. Pommern verliert dadurch endgültig die Uckermark.

1474 tritt Herzog Bogislaw X. die Herrschaft in Pommern an, das Land ist damit erstmals wieder geeint. In der Folgezeit große kulturelle und wirtschaftliche Blüte.

1485 wird in Wollin Johannes Bugenhagen, der spätere enge Mitarbeiter Luthers und Reformator Pommerns, Hamburgs, Lübecks, Braunschweigs, Schleswig-Holsteins und Dänemarks geboren.

1521 predigt Johannes Knipstro die Lehre Luthers in Pyritz, erstes Auftreten reformatorischer Prediger in Pommern.

1529 verzichten im Vertrag von Grimnitz die brandenburgischen Kurfürsten (Hohenzollern) endgültig auf ihre Lehnshoheit über die pommerschen Herzöge zugunsten des Rechtes der Erbnachfolge.

1534/1535 Auf dem Landtag zu Treptow legt Bugenhagen eine neue „Pommersche Kirchenordnung" vor. Daraufhin beschließen die pommerschen Stände die *Einführung der Reformation in Pommern.* Die 45 Klöster und Stifte werden säkularisiert.

Um 1600 kulturelle Spätblüte Pommerns unter den Herzögen Johann Friedrich und Philipp Julius.

1627 setzen sich durch die Kapitulation von Franzburg kaiserliche Truppen unter Wallenstein im Lande fest.

1630 Mit der Landung in Peenemünde greifen die Schweden unter Gustav II. Adolf in den Dreißigjährigen Krieg ein und besetzen ganz Pommern. In den Kämpfen gegen die kaiserlichen Truppen wird das Land furchtbar gequält und verwüstet, 50–70 v. H. seiner Bewohner kommen um. Aus dieser Zeit stammt das Lied „Pommerland ist abgebrannt".

1637 stirbt in Stettin mit Herzog Bogislaw XIV. das pommersche Fürstenhaus der Greifen aus: Ende der pommerschen Eigenstaatlichkeit. Schweden weigert sich, das Land den erbberechtigten brandenburgischen Kurfürsten zu übergeben.

1648 Ende des Dreißigjährigen Krieges. Im Friedensvertrag von Osnabrück wird Schweden im Besitz Vorpommerns und der Odermündungen bestätigt, muß jedoch Hinterpommern an Brandenburg herausgeben.

1653 wird im Stettiner Grenzrezeß die Teilung Pommerns festgelegt; Brandenburg übernimmt endgültig die Verwaltung in Hinterpommern (Stargard wird Sitz der Behörden), Ernst Bogislaw v. Croy, Schwestersohn des letzten pommerschen Herzogs, wird erster brandenburgischer Statthalter in Hinterpommern.

1656–1660 Im Schwedisch-Polnischen Erbfolgekrieg fallen die Polen ins Land ein und plündern Pasewalk, Stettin, Anklam, Stolp und Stargard; Gartz wird niedergebrannt.

1663 Nach dem Aussterben der Grafen von Eberstein fällt auch die Grafschaft Naugard (Eberstein) an Brandenburg.

1677 Belagerung und Eroberung Stettins durch den Großen Kurfürsten. Jedoch kann er im Frieden von St. Germain (1679), der den sog. Zweiten Reunionskrieg beendete (in dem Schweden auf französischer Seite gegen Brandenburg kämpfte), Stettin nicht behaupten, aber einen Landstrich östlich der Oder mit Cammin, Greifenhagen und Bahn.

1685 Aufgrund des Edikts von Potsdam nimmt Brandenburg-Preußen zahlreiche französische Glaubensflüchtlinge (Hugenotten) auf, die auch nach Pommern gelangen (Stettin, Pasewalk, Stargard, Stolp) und im Randower Land und in der benachbarten Uckermark den Tabakanbau einführen.

1720 im Frieden von Stockholm erwirbt Preußen unter König Friedrich Wilhelm I. von den Schweden Alt-Vorpommern bis zur Peene mit Usedom, Wollin, Stettin und Gollnow für eine Zahlung von 2 Mill. Talern; Stettin wird Seehafen Preußens.

1727 Erstes Auftreten des Kartoffelanbaues in Pommern (Torgelow); später wird ihre Einführung von Friedrich dem Großen allgemein verordnet.

1732 entsteht in Stettin die erste preußische Lehrerbildungsanstalt.

1740–1786 König Friedrich II., der Große; in der Regierungszeit dieses größten preußischen Königs werden durch die sog. „Friderizianische Kolonisation" allein in Pommern 159 Dörfer angelegt (26500 Siedler) und zahlreiche Sümpfe und Brüche trockengelegt.

1747 Swinemünde wird preußischer Seehafen (1738–1780 Ausbau, 1765 Stadtrechte).

1753 Gründung eines königlichen Eisenhüttenwerks in Torgelow (erster Industriebetrieb Pommerns).

1756–1763 In den Siebenjährigen Krieg wird auch Pommern hineingezogen; pommersche Soldaten bewähren sich als besonders tapfer (Anerkennung im Testament Friedrichs des Großen).

1806 Die Niederlage Preußens gegen Napoleon in der Schlacht von Jena und Auerstädt führt auch zur Besetzung Pommerns durch die Franzosen. Im Gegensatz zur eilfertigen Übergabe der Festung Stettin leistet Kolberg unter Gneisenau und Nettelbeck bis zum Tilsiter Friedensschluß tapfer Widerstand.
1806/1807 In den Stein-Hardenbergschen Reformen werden eine neue Städteordnung und die Bauernbefreiung eingeführt.
1815 Schweden tritt Neu-Vorpommern und Rügen an Dänemark ab, das es im Austausch gegen das Herzogtum Lauenburg für 3½ Mill. Taler an Preußen überließ. Pommern ist erstmals seit 1637 wieder geeint.
Im Zuge der preußischen Verwaltungsreform wird die Provinz Pommern durch die beiden neumärkischen Kreise Schivelbein und Dramburg vergrößert und in die drei Regierungsbezirke Stettin, Köslin und Stralsund sowie in einen Stadtkreis und 25 Landkreise gegliedert.
1822 Bau der ersten Chaussee Pommerns (Berlin–Stettin).
1826 Das erste Dampfschiff fährt auf der Oder.
1843 Mit der Eröffnung der Eisenbahn Berlin–Stettin hält das Eisenbahnzeitalter auch in Pommern Einzug.
1851 Gründung der Vulcanwerft in Stettin, der später größten Werft Kontinentaleuropas.
1871 Pommern wird mit Preußen Bestandteil des von Otto von Bismarck geschaffenen (Zweiten) Deutschen Reiches.
1898 Eröffnung des Stettiner Freihafens durch Kaiser Wilhelm II.: „Unsere Zukunft liegt auf dem Wasser!“
1932 werden bei den letzten freien Reichstagswahlen in ganz Pommern nur 532 Stimmen für polnische Listen (= 0,04 v. H.) abgegeben.
1939 Auflösung des Kreises Randow und durch umfangreiche Eingemeindungen Bildung von „Groß-Stettin“ (1940: 400000 Einwohner).
1945 Mit dem Vorrücken der Roten Armee wird Pommern in nie gekanntem Ausmaß zerstört, ein großer Teil der alteingesessenen deutschen Bevölkerung flieht nach Westen über die Oder.

Am Stadttheater in Stettin bei Nacht

Durch das Potsdamer Abkommen wird Pommern entlang der Oder-Neiße-Linie geteilt: Der Westen kommt zur Sowjetischen Besatzungszone, der größere Ostteil mit Stettin wird „unter vorläufige polnische Verwaltung“ gestellt; Pommern hört auf, als verwaltungsrechtlicher Begriff zu bestehen.
1945–1948 Vollständige Ausweisung der noch verbliebenen deutschen Bevölkerung seitens der polnischen Behörden aus dem östlichen Teil Pommerns.

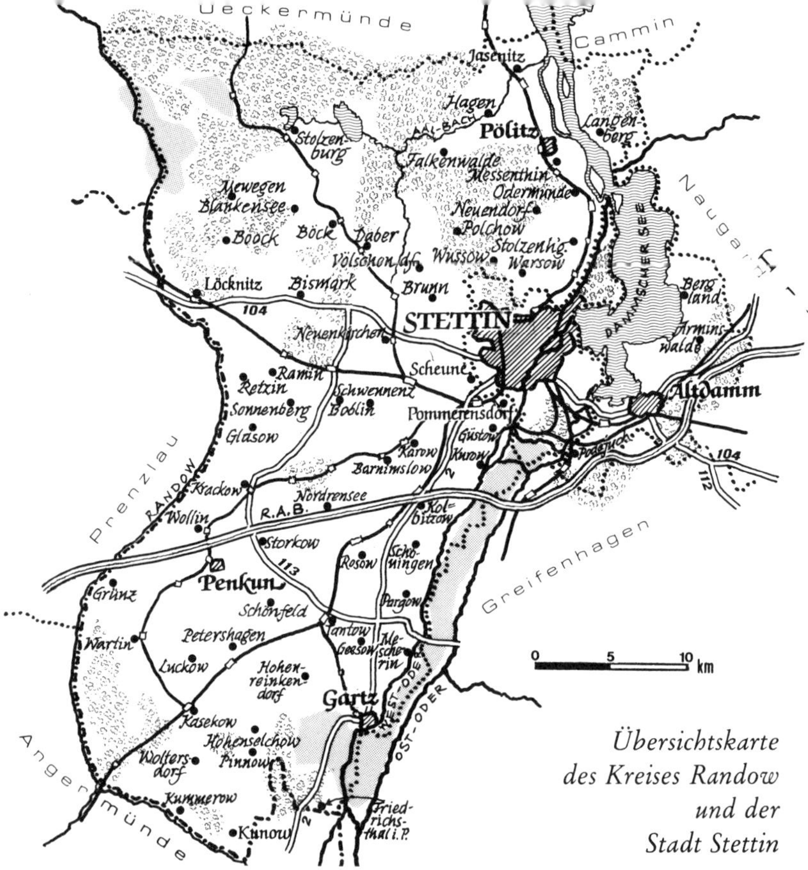

Übersichtskarte des Kreises Randow und der Stadt Stettin

DAS RANDOWER LAND
PLÄDOYER FÜR EINEN KREIS

Das 3 km breite Randow-Bruch und das bis 9 km weite Urstromtal der unteren Oder bilden natürliche Grenzen für eine Landschaft, die sich in ihrem südlichen Teil 50–80 m deutlich aus den Tälern heraushebt und den Charakter einer weiträumigen fruchtbaren *Ackerbaulandschaft* trägt. Der fette lehmige Boden läßt hier den Anbau von Weizen und Zuckerrüben zu, neben den für Pommern typischen Kartoffeln und dem Roggen. Nach Norden zu senkt sich das Land und geht allmählich in die Talsandzone des ehemaligen Haffstausees über, etwa nördlich der Linie Pölitz-Stolzenberg. Die nunmehr meist sandigen, zum Teil versumpften Böden tragen nur noch Wald und Wiesen. Es ist das Randower Land, das Herz Pommerns.

Der natürliche Mittelpunkt dieser Landschaft war seit undenklichen Zeiten *Stettin,* der letzte Übergang über das Stromspaltungsgebiet der unteren Oder, kurz vor deren Mündung in den Dammschen See. Seit alters her verlaufen die Wege und Straßen von Westen und Süden auf diesen Platz zu und bilden die wichtigsten Verkehrsadern dieses Landes.

Der preußische König Friedrich Wilhelm I. tat sich 1724 nicht schwer, als er vier Jahre nach der Erwerbung Alt-Vorpommerns von den Schweden dieses Gebiet in fünf Kreise teilte; den südlichsten bildete fortan der *Randowsche* oder *Randower Kreis.* Er reichte von Ziegenort und Pasewalk bis vor die Tore von Schwedt, war im Osten und Westen von Oder und Randow begrenzt und griff nur mit Podejuch, Finkenwalde, Altdamm und sogar Gollnow etwas über die Oder nach Osten hinaus. Weitgehend *natürliche* Grenzen umschlossen diesen Raum, dessen Hauptstadt Stettin war.

Die große Neuordnung der Verwaltungseinteilung Preußens nach 1815 nahm dem Randower Kreis die »Außenposten« Pasewalk, Ziegenort und Gollnow, beließ ihn aber ansonsten in seinem Umfang. Doch sollte ihm das Wachstum der pommerschen Hauptstadt zum Schicksal werden. 1815 und endgültig 1857 wurde Stettin aus seinem Umlandverband herausgelöst und zu einem eigenen Stadtkreis gemacht, der sich bis zum Beginn des Zweiten Weltkrieges nur wenig erweiterte. Dafür schwollen aber die Einwohnerzahlen der um Stettin gelegenen Dörfer umso mehr an und ließen das Problem der Eingemeindung drängender werden.

Noch zu Beginn der 1930er Jahre wurden große Pläne aufgestellt, um den damals als strukturschwach angesehenen Kreis Ueckermünde aufzulösen und dessen Süd- und Ostteil dem als wirtschaftlich stark geltenden Kreis Randow anzugliedern; dafür aber sollten einige Vororte an Stettin abgegeben werden. Doch bis 1939 blieb alles beim Alten.

Seit 1939 ist die Welt hier nicht mehr in Ordnung. „Wenn die Pommern sich entfalten, um etwas zu gestalten – setzen sie frei Gewalten" könnte man in Abwandlung eines ähnlichen

Spruches aus dem Baltenland sagen. Durch einen Federstrich wurde am 15. Oktober 1939 der Kreis Randow *aufgelöst* und aufgeteilt: Die pommersche Hauptstadt Stettin erhielt die beiden Nachbarstädte Altdamm und Pölitz sowie 30 Gemeinden und die Wasserfläche des Dammschen Sees zugewiesen, dem Kreis Ueckermünde wurde die Nordhälfte mit 32 Gemeinden und dem Kreis Greifenhagen die Südhälfte mit 39 Gemeinden zugeteilt. Dieser gab 4 Gemeinden an Stettin ab, griff aber erheblich über die Oder hinweg bis Glasow, Grünz, Kunow und Gartz. Der Kreis Naugard trat 2 Gemeinden an Stettin ab und erhielt dafür vom Kreis Randow 10. Wie man sieht, hatten alle dabei ihren Vorteil – auf Kosten des Kreises Randow. Warum? Die Eingemeindung von Stettin war etwas zu großzügig ausgefallen, so daß man glaubte, der Restkreis sei nicht mehr lebensfähig; andererseits werden Gedanken der Personaleinsparung – es war immerhin Krieg – eine Rolle gespielt haben; auf jeden Fall meinte man, ohne diesen Kreis fortan auskommen zu können.

Doch das alles überzeugt eigentlich nicht recht. Der Restkreis mit seinen 43496 Einwohnern im Jahre 1939 auf einer Fläche von 974,5 qkm entsprach durchaus dem Durchschnitt der rein agrarisch strukturierten Kreise Pommerns, ein Weiterbestehen wäre auch aus verkehrstechnischer Sicht sinnvoll gewesen, da die Kreisstädte Ueckermünde und Greifenhagen nur schwer zu erreichen waren. Doch war dies alles nur ein Geplänkel im Vergleich zu dem, was 1945 kommen sollte.

1945 wurde zu einem Schicksalsjahr, wie vor ihm wohl kaum eines. Wie kein anderer Raum Pommerns sollte das alte Randower Kreisgebiet durch die neuen Verhältnisse hart getroffen werden. Hier verläuft heute die *Oder-Neiße-Linie* nicht etwa an der Oder, sondern ein erhebliches Stück *westlich* von ihr, den Kreis vom Warper See über Stolzenberg-Neuenkirchen bis Mescherin willkürlich zerschneidend und von der pommerschen Hauptstadt Stettin abtrennend.

Hier griffen die Polen mit anfangs zögernder, dann bereitwilliger sowjetischer Unterstützung im Juni 1945 nach *Stettin* und schließlich auch nach *Pölitz* (wo sie die 1945 ursprünglich in Stettin wieder errichtete und im Juni dorthin verlegte Randower Kreisverwaltung am 1.10.1945 nach Löcknitz verdrängten), endlich bis nach Ziegenort und Neuwarp! Dreist wurde in polnischen Zeitungen schon von den Kreisen „Rzędów“ (Randow!) und „Wkryujście“ (Ueckermünde!) gesprochen, die man zur Abrundung und Sicherung des *Stettiner Brückenkopfes* auch noch besitzen müsse! Man beschwor dabei längst vergangene Zeiten, als der Polenherzog Boleslaw III. um 1120 einmal auf einem Feldzug sogar bis zur Müritz gelangt war!

Eickstedtscher Grabstein, Kloster Jasenitz in Tantow

Im November 1945 waren die Grenzpfähle abgesteckt. Nun hatten sich die Menschen nach der neuen *Grenze* zu richten, und beileibe die Grenze nicht nach den *Menschen!* Mit dem Ergebnis, daß rund 400 000 Bewohner aus dem Gebiet westlich der Oder (einschließlich Stettins und Swinemündes) oft nicht einmal die Zeit hatten, die Koffer zu packen. *Vertreibung,* ein neuer Begriff in der Politik des 20. Jahrhunderts; hier wurde er so total angewendet, wie dieses Zeitalter dem Perfektionismus ergeben ist.

Man grub sich ein an dieser „Friedensgrenze", an der wirklich „Frieden" herrschte: kein Leben, kein Übergang, kein Kontakt zwischen beiden Seiten. Hier lag der neuralgische Punkt im Verhältnis der ehemaligen DDR zu Polen: Trotz Brüderschaft argewöhnte und wußte man wohl auch, daß sie hier am ehesten ihrer „Endgültigkeit" verlustig gehen konnte, die „Oder-Neiße-Friedensgrenze". Im Gegensatz zu Frankfurt/Oder und Görlitz gab es hier bis in die 70er Jahre hinein *keinen* Austausch.

Das Randower Land ist heute also *Grenzland* geworden, aber nicht dem Rechte nach und schon gar nicht in den Herzen der Menschen, die hier zu Hause sind und waren. Der Kreis Randow symbolisiert damit die *Einheit* des Landes an der unteren Oder wie kein anderes Gebiet; er ist auch unter den veränderten Umständen noch heute ein *gewachsenes* Stück Pommerns geblieben, das es im Herzen zu bewahren gilt.

Gartz / Oder – Ansicht von Lubinus (1618)

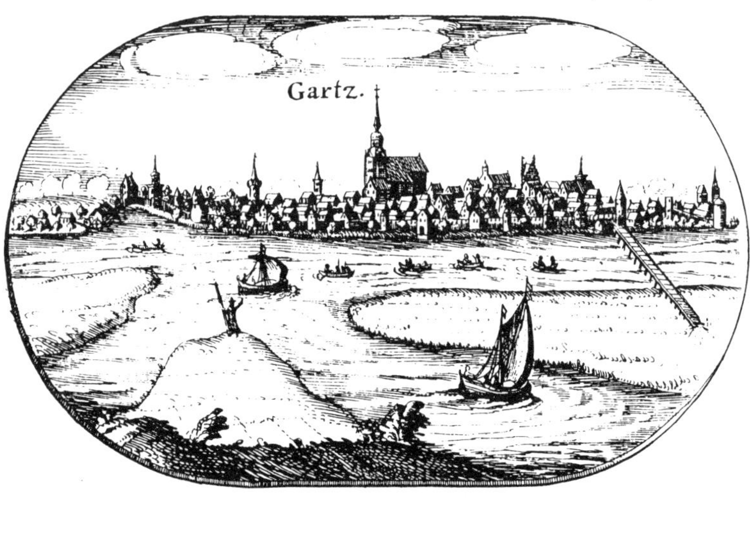

Wenn man mit dem Wagen von Berlin auf der alten Reichsstraße 2 fährt und Schwedt hinter sich gelassen hat, das heute so groß und fremd geworden ist, sieht man bald nach dem kleinen Städtchen Vierraden links vor sich die Höhen des Randower Landes aufragen. Folgen wir der Nebenstraße, die hier nach Nordwesten abzweigt und durch Blumenfelde nach Hohenfelde hinaufklettert, dem letzten brandenburgischen Dorf. Dann folgt *Kunow,* das in einer weiträumigen fruchtbaren Landschaft liegt, die zum fernen Horizont in zahllosen Wellen weithin ausschwingt und über der im Sommer ein hoher blauer Himmel steht. Millionen von Bienen summen über dem Klee, hin und wieder ist ein Tabakfeld zu sehen. Von den nahen Müllerbergen hat man einen großartigen Blick auf das breite Welsetal. Hier erhebt sich aus den Wäldern um Schwedt die imposante, aber naturfeindliche Kulisse des Erdölkombinats, das zum bestimmenden Wirtschaftsfaktor auf der ehemaligen DDR-Seite an der unteren Oder geworden war. Nicht weit ab liegt am Talrand, noch auf pommerscher Seite, *Kummerow.* Hierhin hat der im nahen uckermärkischen Biesenbrow geborene *Ehm Welk* (1884–1966) die Erlebnisse seiner Kindheit verlegt und in den *Heiden* und *Gerechten von Kummerow* verewigt. Doch die Zeiten der hartherzigen Müller oder Rittergutsbesitzer, wie er sie schildert, sind seit 1945 vorüber, hin und wieder erinnert noch ein stehengebliebenes Herrenhaus an die alten Zeiten. Man tat sich nach 1945 schwer mit diesem Erbe der „ostelbischen Junker": Meist fanden dort erst einmal Flüchtlinge ein Zuhause, gelegentlich nahm es die Gemeindeverwaltung auf oder wurde Schule.

Das ist besonders an dem eindrucksvollen Schloß in *Penkun* abzulesen. Dieser mächtige Bau, der in seinen Mauern bis auf das Mittelalter zurückgeht, steht heute verfallen und nur zum Teil als Internat genutzt da, ein Denkmal einer vergangenen großen Zeit, mit dem die Gegenwart nichts Rechtes anzufangen weiß. Bischof Siegfried von Cammin hatte 1186–1190 hier ein festes Haus erbauen lassen, das nach 1250, als die Uckermark an die Mark Brandenburg fiel und das Randow-

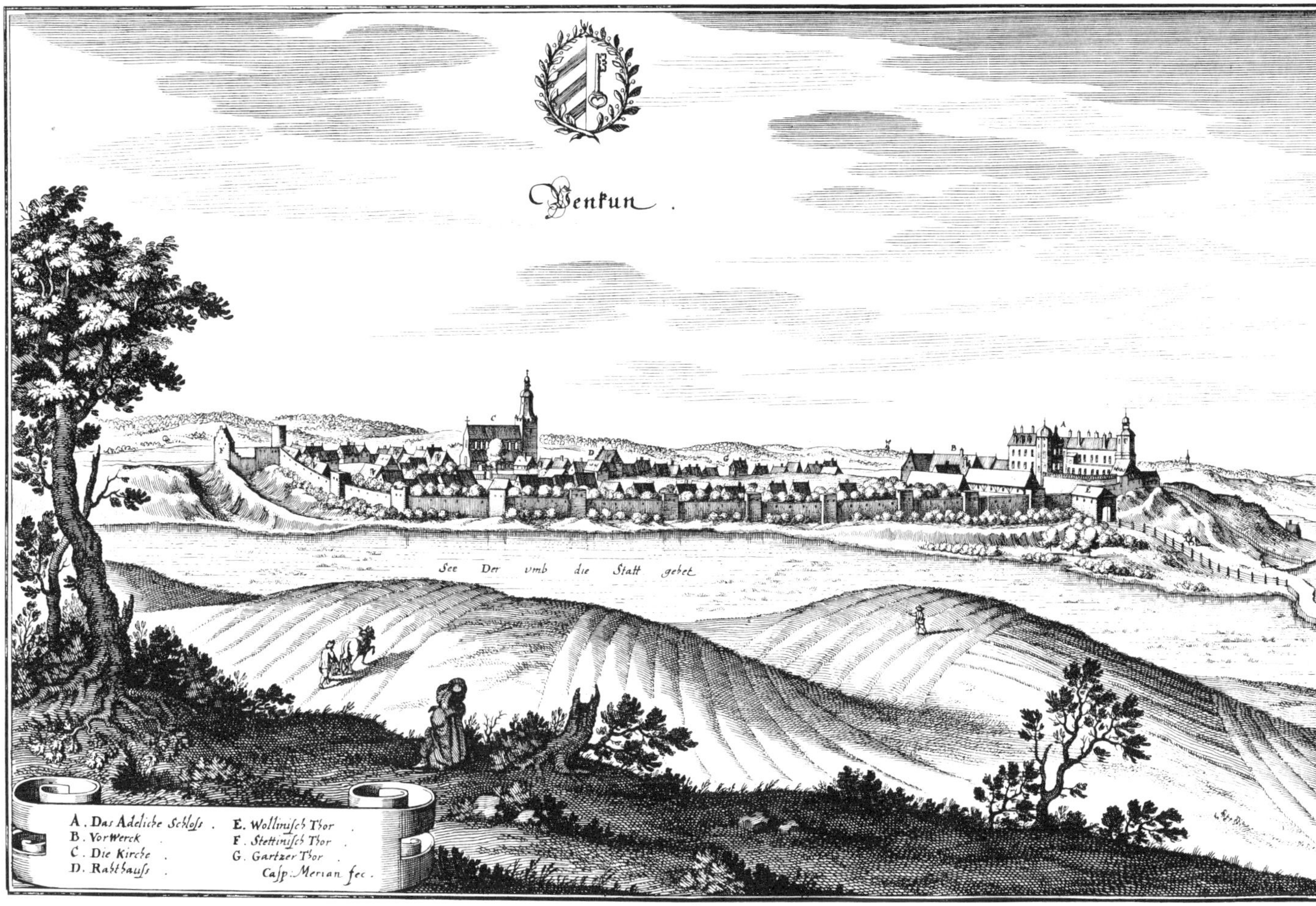

Penkun – Panorama-Ansicht von Merian (1652)

bruch zur Grenze wurde, eine große Bedeutung erhielt und in den Besitz der pommerschen Herzöge kam. Diese erhoben den Flecken Penkun nach 1270 zur Stadt und setzten im Schloß die *von Hagen* als herzogliche Verwalter ein. Ihnen folgten im 15. Jahrhundert die *von der Schulenburg* als neue Herren auf Schloß Penkun, und endlich seit 1614 die *von der Osten,* die es bis 1945 innehatten.

Wenden wir uns wieder der Oder zu. Auf dem Wege nach Gartz quert man bei *Tantow* die Berlin–Stettiner Eisenbahn. Sie ist die älteste pommersche Bahnlinie: 1843 eröffnet, stellte

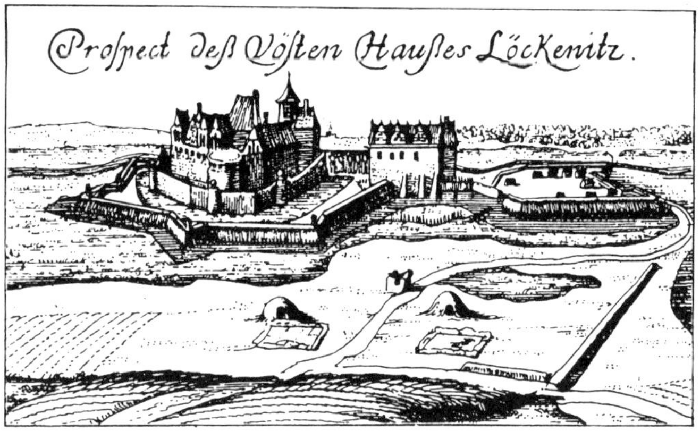

Löcknitz – Schloß (nach Theatrum Europaeum – 1676)

sie noch früher eine Verbindung zwischen der pommerschen und der preußischen Hauptstadt her als zwischen Hamburg und Berlin (1846). Da der erste Stettiner Hauptbahnhof nicht erhalten blieb, ist das ebenfalls 1843 eröffnete Bahnhofsgebäude von Tantow das älteste Pommerns. Das Dorf war jahrhundertelang brandenburgische Exklave, die 1815 zu Pommern kam.

Gartz liegt heute im toten Winkel. Der die Altstadt unmittelbar berührende Westarm der Oder bildet jetzt die *Grenze,* die Oderwiesen, die man früher über die 1945 zerstörte Brücke erreichen konnte, stehen unter polnischer Herrschaft. Die Stadt sieht traurig aus. Große freie Flächen im Zentrum liegen noch immer brach, die große St. Stephanskirche ist noch immer eine Ruine, das wirtschaftliche Leben und damit auch die Einwohnerzahl stagnieren.

Ein Stück stromab der Mescheriner Oderbrücke verläßt heute die Oder-Neiße-Linie die Oder und straft ihren Namen Lügen: Sie verläuft nun westlich der Oder bis Neuwarp über *Land.* Hier geschah nach 1950 Denkwürdiges. Die 1950 als „unveränderliche Friedengrenze" zwischen der ehemaligen DDR und Polen festgeschriebene Demarkationslinie wurde *revidiert!* Das Dorf *Staffelde* und die Straße nach Mescherin kamen zur ehemaligen DDR zurück. Pargow hingegen blieb unter polnischer Herrschaft, seine Dorfgemarkung kam ebenfalls zum größten Teil wieder unter deutsche Verwaltung. Hier entstand nun ein neues Dorf, nach den meist aus dem sächsischen Kreis Rochlitz zugezogenen Bewohnern wurde es *Neu Rochlitz* genannt.

Im Westen des Kreises bewachte seit Jahrhunderten der Burgort *Löcknitz* die brandenburgisch-pommersche Grenze – für Brandenburg! Erst seit 1817 gehört er wieder zu Pommern, wie vor 1468. Das heute verfallene Schloß mit seinem mächtigen Bergfried gehört zu der Burgenlinie an Randow und Uecker, die wohl schon in vorgeschichtlicher Zeit zwischen den Pomoranen und den lutizischen Ukrern entstand und sich auf pommerscher Seite in Ueckermünde, Rothenklempenow, Löcknitz und Grünz, auf märkischer Seite in Schmölln, Zichow und Vierraden nachweisen läßt. 1945–1950 saß in Löcknitz die Kreisverwaltung des nunmehr „mecklenburgischen" Kreises Randow, der schließlich auf die Nachbarkreise Pasewalk, Prenzlau und Angermünde aufgeteilt worden ist.

Wir fahren weiter auf Stettin zu, lassen unsere pommersche Hauptstadt vorerst links liegen und widmen noch den beiden „Schattenstädten" Pölitz und Altdamm ein paar Zeilen.

Natürlich schien auch in Pölitz und Altdamm die Sonne, der „Schatten" ist nur ein historischer, denn beide Städte liegen der pommerschen Hauptstadt zu nahe, um sich völlig frei entfalten zu können. Das kleine *Pölitz* an der Larpe erhielt zwar 1260 von Herzog Barnim I. das magdeburgische Stadtrecht verliehen, aber in seiner Stettiner Form – ein deutlicher Hinweis auf die nun folgende jahrhundertelange Abhängigkeit: 1321–1808 war es Mediatstadt Stettins, d. h. der Stettiner Rat hatte das Bestätigungsrecht und zugleich die oberste

Gerichtsbarkeit über Pölitz. 1939 wurde der damals 6437 Einwohner zählende Ort in die große Nachbarin eingemeindet. 1945 entfiel diese Bindung wieder. Durch den Aufbau eines großen Chemiekombinats in der Nähe der im Krieg erbauten und zerstörten Hydrierwerke wuchs Pölitz in den letzten Jahren stark an und zählt heute zusammen mit dem inzwischen eingemeindeten Jasenitz über 27000 Einwohner! Leider hat sich die Gegend zwischen beiden Orten zu einer Mondlandschaft entwickelt, die von einem Schutz der Umwelt weit entfernt ist.

Es ist der nördlichste der vielen Vororte Stettins, die sich von *Grabow* oderabwärts aus Fischerdörfern entwickelt haben: *Bredow* mit seiner einstigen Vulcan-Werft wurde schon 1900 in Stettin eingemeindet, dann folgen *Züllchow, Frauendorf* und *Gotzlow* mit dem Julo, von dessen Bismarckturm sich eine herrliche Weitsicht über den Dammschen See bietet, *Stolzenhagen-Kratzwieck* mit seiner Eisenhütte „Kraft“, schließlich Scholwin mit der Papierfabrik *Odermünde,* dem seinerzeit größten Werk des Feldmühlekonzerns, die 1929 dem alten Angerdorf ihren Namen gab, das waldreiche *Messenthin* und endlich Pölitz, das wir schon kennengelernt haben. Im Süden der Stadt schmiegte sich das industriereiche *Pommerensdorf* an die Gemarkung Stettins an.

Die Großstädter haben es im allgemeinen so an sich, daß sie sich sehr erhaben fühlen, wenn sie Leuten aus der Provinz begegnen. Die Stettiner machten da keine Ausnahme. Man hatte sich in Jahrhunderten daran gewöhnt, die kleinen Nachbarstädte Pölitz und (Alt-) Damm etwas herablassend zu behandeln. So drohte man Kindern, die es mit der Wahrheit nicht ganz so genau nahmen, mit dem Spruch „Wer lügt, kommt nach Damm!“ Wenn man etwas Eßbares als ungenießbar charakterisieren wollte, hieß es „Das schmeckt wie Dammscher Fisch!“ „Die Dammschen machen erst los“, sagte man zu denen, die hastig und planlos eine Sache angingen, und „Nu ward Dag in Damm“ pflegte man als Ausdruck der Verwunderung zu gebrauchen.

Doch rufen wir den Stettinern einmal ins Gedächtnis, daß das kleine, 1260 mit dem magdeburgischen Stadtrecht versehene *Altdamm* über Jahrhunderte hinweg als Festung die große Nachbarin von Osten her zu schützen hatte, was es getreulich tat, so gut es konnte. 1873 fielen auch hier die Mauern. Die Stadt konnte sich zu dem entwickeln, was 1939 ihr Schicksal wurde: zum Vorort Stettins. 16197 Einwohner zählte sie mit dem schon 1937 eingemeindeten Dorf Rosengarten und brachte in das neue, vergrößerte Stettin einen sehr umfangreichen Grundbesitz mit ein. Heute ist Altdamm ein stark wachsender Stadtteil, der sich schnell mit nüchternen Wohnblocks, Industrieanlagen und gewerblichen Betrieben anfüllt.

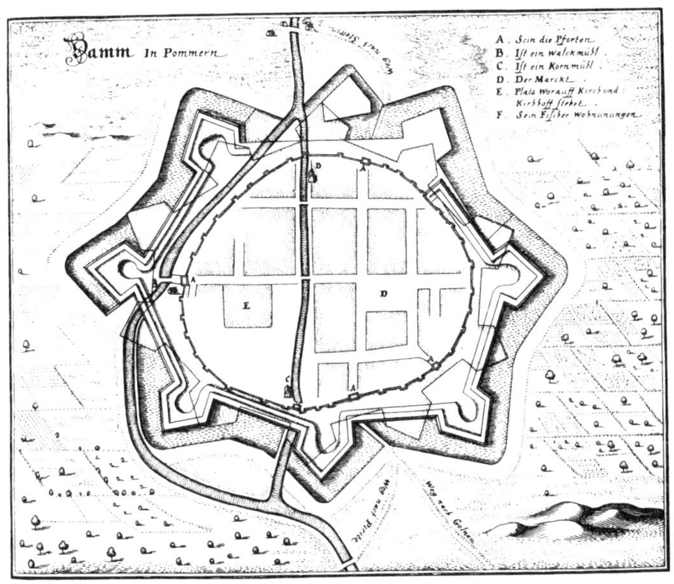

Altdamm – Plan von Merian (1652)

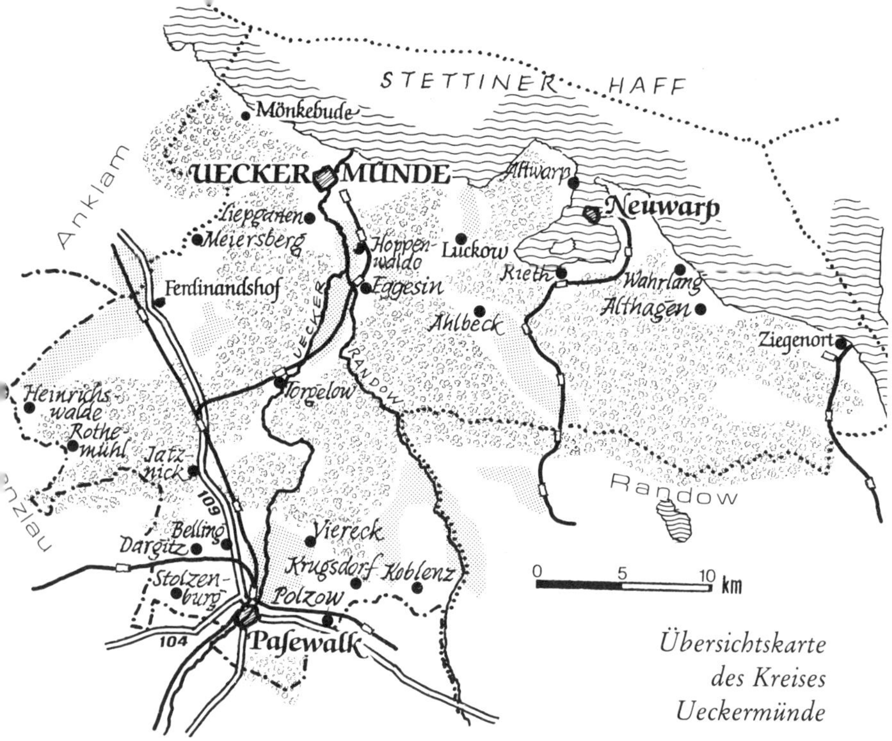

Übersichtskarte des Kreises Ueckermünde

ZWISCHEN HAFF UND HEIDE
DER KREIS UECKERMÜNDE

Der Kreis Ueckermünde ist unter den 32 Landkreisen Pommerns in vielerlei Hinsicht der *Ausnahmefall.* Natur und Geschichte haben ihn in besonderer Weise geformt und – denkt man an das Jahr 1945 – verformt, ja geteilt: Sein östlicher Zipfel mit Neuwarp und Ziegenort steht heute unter polnischer Herrschaft, den Rest bilden die zwei deutschen Kreise Pasewalk und Ueckermünde.

Wohl zu allen Zeiten ist man sich in der Beurteilung des Landes an unterer Uecker und Randow einig gewesen: *Sand* und *Sumpf.* Das war gewissermaßen die Mitgift der Natur an die Menschen, die sich hier vor Jahrtausenden einzurichten begannen. Damit nimmt ein *Wunder* seinen Lauf: Denn die Menschen haben die Herausforderung der Natur angenommen und sich der Aufgabe gestellt, die Sümpfe trockenzulegen und den Sand zu bändigen. Reichtümer waren dabei nicht zu gewinnen, eher Schwielen an den Händen und Schweiß auf der Stirn. Aber man wußte, was man getan hatte: Man hatte sich ein Stück Heimat geschaffen.

Wohl in keinem anderen pommerschen Kreis fordert die *Natur* den Menschen derart heraus wie hier. Wohl nirgendwo im Lande am Meer ist das Ringen um die jährliche Ernte so mühsam und oft so zweifelhaft gewesen wie hier; Schmalhans war in alten Zeiten oft der Küchenmeister. Und doch haben die Menschen die von der Natur gestellten Aufgaben angenommen und bewältigt.

Das führt uns zu einer weiteren Eigenart, die diesen Kreis vor allen anderen Pommerns auszeichnet: Er ist das einzige Gebiet der Provinz, in dem sich eine bodenständige *Industrie* entwickelt hat. Bei aller Ungunst der Bodenverhältnisse für die Landwirtschaft bietet das Land dem Menschen im Zusammenspiel von Boden und Vegetation die Möglichkeit zu gewerblich-industrieller Nutzung: Der große Waldreichtum (65 v. H. des Kreisgebietes) führt zum Holzeinschlag – Teerschwelerei, Köhlerei und in moderner Zeit Sägewerke waren die Folge und dazu eine planmäßige Forstwirtschaft, wie sie mit der Aufzucht von Bäumen, vom Samenkorn an, betrieben wurde – man denke nur an die Kiefernsamendarre Jatznick!

Die reichen Tonvorkommen um Ueckermünde ließen die *Ziegelbrennerei* als weitere bodenständige Industrie aufkommen – die festen Ueckermünder Backsteine sind in manchem wilhelminischen Ziegelbau, auch im Westen Deutschlands, verarbeitet worden. Endlich haben *Raseneisenstein* und Holzreichtum dazu geführt, 1754 in *Torgelow* durch Friedrich den Großen eine der frühesten *Eisenhütten* Deutschlands entstehen zu lassen – eher als im Ruhrgebiet! Aber diese Industrien sind bodenständig geblieben, haben nicht zu jener maßlosen Verstädterung und Überfremdung geführt, wie wir sie heute bei uns kennen, jedoch den Kreis Ueckermünde zum einzigen Kreis Pommerns werden lassen, in dem Industrie, Handel und Gewerbe im Wirtschaftsleben den Ton angaben.

Eine andere Besonderheit sind die *Menschen* selbst. Die Geschichte hat es mit sich gebracht, daß sie sowohl *Pommern* als auch *Märker* sind: Pommern nach Bewußtsein und Geschichte, Märker nach der Sprache. Wie ein breiter Keil reichten die märkischen Mundarten zu beiden Seiten der unteren Oder nach Pommern hinein – ein „redender" Beweis für die Herkunft der deutschen Siedler im Mittelalter, die dieses Land urbar machten und Städte und Dörfer gründeten: Sie kamen aus der nahen *Mark Brandenburg.* Zu beiden Seiten der Uecker ergoß sich im 13. Jahrhundert der Siedlerstrom von dort bis ans Stettiner Haff; dem Pasewalker wie auch dem Stettiner hört man deutlich die sprachliche Verwandtschaft mit den südlichen Nachbarn an. Hinzu kam der kräftige Schuß süddeutschen Blutes durch die vielen *pfälzischen* Kolonisten, die in friderizianischer Zeit in dem damals neu gegründeten Amte Königsholland eine neue Heimat fanden; nicht zu vergessen – die Pasewalker *Hugenotten!*

Die Zeitläufte haben dem Land an unterer Uecker und Randow oft nicht gut mitgespielt. Das ist schon in grauer Vorzeit zu sehen. Bereits der Name der Uecker sagt uns das: Er leitet sich von den wendischen *Ukrern* oder *Ukranern* her, jener slawischen Völkerschaft, die vor 1200 im Einzugsgebiet dieses Flusses wohnte. Der Name dieses Stammes ist nun seinerseits vom Worte „Kraj" = (Grenz-) Land, Gau abgeleitet, „U kraje" ist demnach eine *Landschaft an der Grenze,* eine *Grenzmark* – so wie einst die *Ukraine* der Grenzsaum des Russentums gegen die Tataren und die Mark *Krain* es gegen die Kroaten war.

Ein Grenzland war die *Uckermark,* denn dieser noch heute gebräuchliche Landschaftsname für die einstigen brandenburgischen Kreise Prenzlau, Templin und Angermünde umfaßt eigentlich auch noch das Land an der unteren Uecker um Pasewalk. Nach Norden zu bildete die undurchdringliche Waldwildnis des alten pommerschen Landes *Rochow,* die spätere „Ueckermünder Heide", einen dichten Riegel, den Pommern in den späteren politischen Kämpfen um dieses Gebiet gewissermaßen als natürlichen Wall behaupten konnte. Kein Wunder, daß hier schon früh Burgen und später auch feste Städte entstanden: Da ist zuerst *Torgelow,* das in alter Zeit viel genannt wird als Ausstellungsort von Urkunden, den Verträgen jener Tage! Auch *(Rothen-) Klempenow* und *Ueckermünde* sind zu erwähnen, sie hatten die Randowlinie zu sichern, die Grenze zwischen Pomoranen und Ukrern, später zwischen Pommern und der Mark Brandenburg. Damit versteht man die besondere Rolle *Pasewalks,* der „Wolfsburg" oder „Wolfsstadt", deren Besitz die Herrschaft über die untere Uckermark sicherte. Hart ist um diese Stadt in der Geschichte gerungen worden – Pommern, Märker und gelegentlich auch die Mecklenburger waren die Kontrahenten. Die Pommern blieben Sieger, doch hatten sie die ganze mittlere und obere Uckermark aufgeben müssen – ihr Ziel, mit der Verleihung der Stadtrechte 1235 an *Prenzlau* (das also dem pommerschen Herzog Barnim I. seine städtische Würde verdankt) dieses Land zu sichern, war somit gescheitert. Dieses Ringen muß man eingebettet sehen in die über Jahrhunderte andauernden Streitigkeiten zwischen Pommern und den brandenburgischen Markgrafen, die aufgrund der kaiserlichen Privilegien von 1231 die *Oberlehnshoheit* über das Land am Meere beanspruchten – sehr gegen den Willen der pommerschen Herzöge. Die vielen fast ganz zerstörten Burgruinen im Lande an der Uecker zeugen von der Härte jenes Ringens, der „Kiek in de Mark" ist nicht von ungefähr in

Pasewalk – Ansicht von Lubinus (1618)

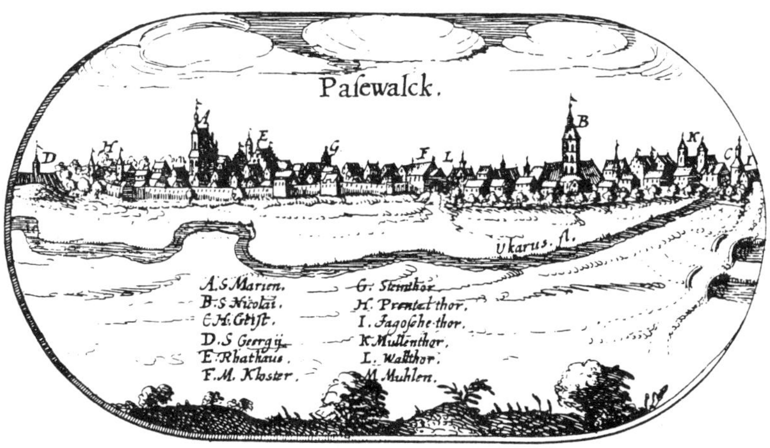

dieser Zeit zum weitbekannten Symbol Pasewalks geworden! Vier Jahrhunderte später, als Kaiserliche und Schweden das Pommerland überrannten und das große, dreißig Jahre andauernde Wüten auch unsere Heimat überflutete, hatte das Ueckerland wieder viel zu leiden. Es war wohl immer das Schicksal Pasewalks, von den großen Gegnern als wichtiger Besitz angesehen zu werden. So sehen wir im Jahre 1630 einmal die Schweden, dann wieder die Kaiserlichen in der Stadt: Die darauffolgende Vernichtung Pasewalks durch die kaiserlichen Landsknechte unter ihrem Obristen *Götze* wird wohl immer zu den leidvollsten Ereignissen gehören, die dieser fürchterliche Bürgerkrieg, den Europa auf deutschem Boden ausfocht, aufzuweisen hat. Man sang nicht umsonst „Pommerland ist abgebrannt"...

Ein verarmtes, menschenleeres Land blieb übrig. Zu allem Unglück war 1637 das pommersche Herzogshaus *ausgestorben,* so daß sich der rechtmäßige Erbe Brandenburg und die im Lande hausenden Schweden um Pommern zankten mit dem Ergebnis, die Beute zu teilen. *Schweden* behauptete Vorpommern und damit auch das Ueckerland, die drei Kronen waren fortan bestimmend. Die schwedische Herrschaft (72 Jahre sollte sie hier dauern) war allerdings mehr damit beschäftigt, ihre Großmachtträume zu verwirklichen, als diesem Winkel eine besondere Fürsorge angedeihen zu lassen. Deshalb blieb die schwedische Zeit *Episode.*

Ganz und gar nicht gilt das für den folgenden Abschnitt, die *preußische* Herrschaftsperiode: 1720 hatte König Friedrich Wilhelm I. Alt-Vorpommern für 2 Millionen Taler von den Schweden erworben. Aber was hatte er damit gekauft! Eine Streusandbüchse wie die Ueckermünder Heide besaß er doch bereits in seiner Mark Brandenburg, Pasewalk lag noch in Trümmern, und Stettin und Anklam hatten sich von den vorangegangenen Schwedenkriegen noch keinesfalls erholt.

Die beginnende Ära unter dem preußischen Zepter brachte dem Land einen gewaltigen Aufschwung: Ab 1730 wurden in den sumpfigen und sandigen Landstrichen an der Zarow zur mecklenburgischen Grenze hin zahlreiche neue Dörfer und Vorwerke angelegt: *Ferdinandshof, Wilhelmsburg, Heinrichswalde, Eichhof, Meiersberg-Schlabrendorf, Blumenthal* und andere. Da ihre Anlage zumeist die Entwässerung und Urbarmachung der Sümpfe nach holländischem Muster notwendig machte, wurden die neuen Siedlungen auch als „Holländereien" bezeichnet. Sie alle wurden vom König in einem neuen Amt zusammengefaßt, das den Namen *Königsholland* erhielt und seinen Sitz in *Ferdinandshof* zugewiesen bekam. Die neuen Bewohner kamen vorwiegend aus der Pfalz und dem nahen Mecklenburg, ja, einige von ihnen waren sogar *katholisch:* Mit der Anlage von *Hoppenwalde, Viereck* und *Uhlenkrug* entstanden unter Friedrich dem Großen die ersten neuen katholischen Dörfer in Pommern!

Fürwahr, eine neue Zeit war angebrochen. Zählte der Kreis um 1720 gerade 8000 Seelen, so war die Bevölkerung bis 1816 auf 24242 Personen angewachsen. Die preußische Zeit sollte in vielerlei Hinsicht zur *segensreichsten* Epoche werden.

Wieder einmal wurde *Pasewalk* dazu ausersehen, eine militärische Rolle zu spielen – allerdings diesmal mehr im Frieden denn im Kriege, und das war auch neu: Es wurde *Garnisonstadt.* Von den Schulenburg-Dragonern bis hin zu den stolzen Königin-Kürassieren spannte sich fortan der Bogen. Die Pasewalker waren stolz auf „ihre" Kürassiere! Erstmals trat die Stadt aus ihrer Rolle als Grenzstadt zur nahen Mark Brandenburg heraus und konnte nun ihre Lage im Fadenkreuz Alt-Vorpommerns und der Uckermark nutzen, eine Lage, die ihr ab 1863 die *Eisenbahn* gleich von vier Seiten zuführen sollte!

Mindestens seit 1818 bestand eine gewisse Rivalität zwischen der nunmehrigen Kreisstadt *Ueckermünde* und Pasewalk. Dieses hatte bei der Neueinrichtung des preußischen Staates nach 1815 das Nachsehen: Obwohl als Sitz des Landrates vorgesehen, waren die Ueckermünder schneller. Kurz nach 1900 waren diese wieder eine Nasenlänge voran, als es um den Neubau des Kreishauses ging. Noch 1939 sollte es ähnlich

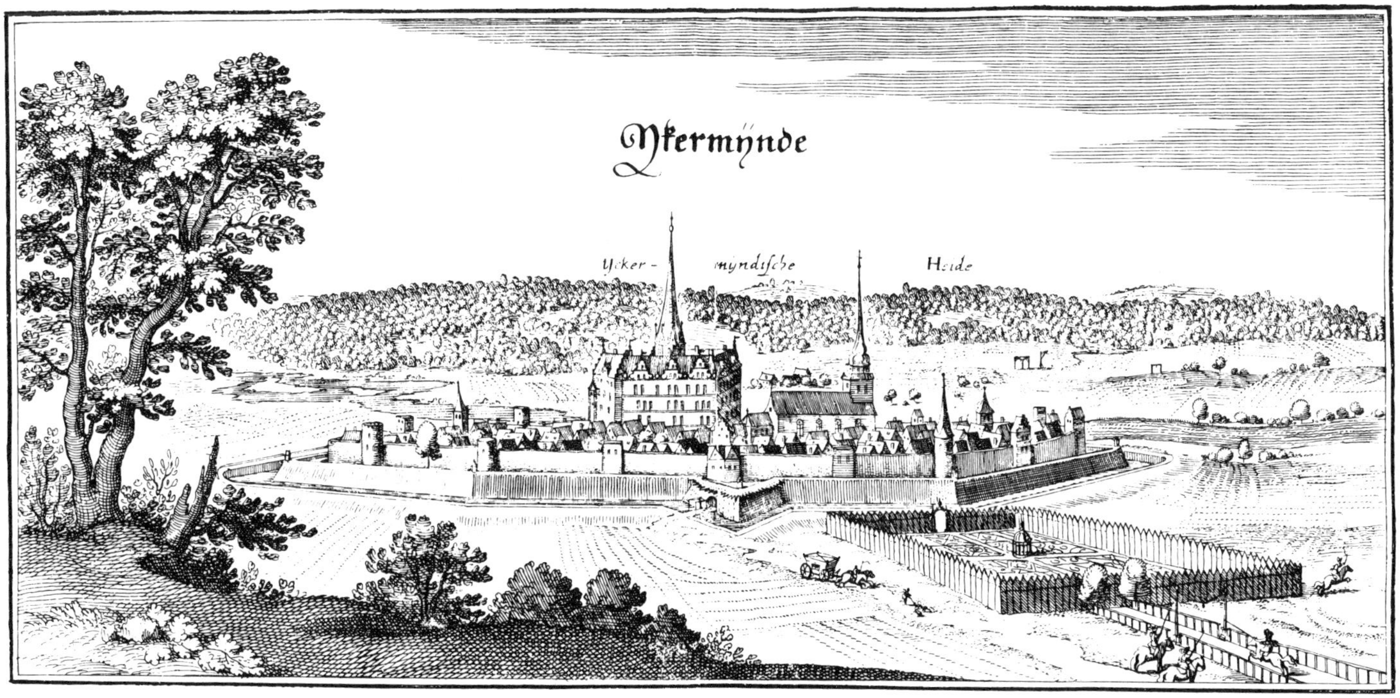

Ueckermünde – Panorama-Ansicht von Merian (1652)

sein, als Pasewalk der Kreissitz versprochen, aber nicht wirklich gegeben wurde – der Krieg verhinderte es.
Der Unterschied zwischen beiden Städten war auch sonst nicht zu übersehen: *Pasewalk* hatte jahrhundertelang als *Ackerbürgerstadt* ein eher ruhiges, beschauliches Leben geführt, sein Blick war binnenwärts gerichtet, es sammelte die reichen landwirtschaftlichen Gaben der Uckermark und konnte damit in den letzten 200 Jahren einen gewissen Wohlstand erwerben. Das Militär gab nach 1720 in der nunmehrigen *Garnisonstadt* den Ton an, als Bürger zeigte man sich königstreu und konservativ, das gesellschaftliche Leben floß in den behäbigen Bahnen eines reich entwickelten Vereinslebens mit oft althergebrachter Tradition dahin. Und doch waren die Pasewalker keineswegs rückständig.
Die *Ueckermünder* waren mehr auf *Schiffahrt* und *Handel* aus, die nahe Lage der Stadt zum offenen Wasser des Stettiner Haffs hatte eine gewisse Offenheit und Beweglichkeit innerhalb der Stadtmauern bewirkt, die sich jedoch nach dem Niedergang der Schiffahrt gegen Ende des 19. Jahrhunderts ins Gegenteil verkehrte. Spätestens seit 1900 stand die Stadt an der Ueckermündung im Schatten der jetzt auch von der Einwohnerzahl her weit größeren Rivalin, aber eifersüchtig ihre Rolle als Kreisstadt wahrend. 1939 zählte Ueckermünde 8930 Einwohner, heute sind es 12200.
Ein Ueckermünder Problem besonderer Art war der *Name* der Stadt. Jahrhundertelang konnte man sich nicht einigen, ob man Ucramund, Ykermynde, Ukermünde, Uckermünde, Ückermünde, Ükermünde oder Ueckermünde schreiben

Das 1945 zerstörte Rathaus in Pasewalk

sollte! Erst verhältnismäßig spät hat die deutsche Sprache durch Konrad Duden eine allseits gültige Festlegung ihrer Rechtschreibung erfahren, noch später legte man die Schreibung der Ortsnamen fest, erst seit 1928 gibt es dafür verbindliche Vorschriften. Und die sagen, daß es Ueckermünde heißt. Seither hat man sich daran gehalten, in Ost und West, im „Dritten Reich" wie auch im „ersten Arbeiter- und Bauernstaat auf deutschem Boden" – schön, wenn man sich wenigstens darin einig ist.

Wenn von den Städten des Kreises die Rede ist, werden Pasewalk und Ueckermünde genannt. Es gibt noch eine dritte Stadt im Kreisgebiet. Abseits, ja beinahe versteckt, wie sie in ihrem Winkel am Haff liegt, war sie nur wenigen bekannt: *Neuwarp.* Dem Wasser zugewandt, den Wald im Rücken, hatten sich die Neuwarper jahrhundertelang mit sich selbst beschäftigt und – mit ihren *Fischen.* Es gab hier nur wenige Menschen, die nichts mit diesen Meerestieren zu tun hatten; dementsprechend eigenwillig war man. Viel geredet wurde hier nicht – was soll der Fischer auf dem Wasser auch reden? – gegebenenfalls aber handelte man.

Das tat der Dragoner *Ungerland* aus Neuwarp auch. Als 1806 der Tilsiter Friede den Krieg zwischen Napoleon und Preußen beendete, galt dies für Ungerland nicht. Da er zu diesem Vertrag nicht um seine Zustimmung gebeten worden war, handelte er: Der Krieg ging weiter. Er machte den Franzosen schwer zu schaffen – ein *Schill* im Kleinen! Als Preußen endlich befreit war, verkaufte er selbstverständlich wieder seine Fische, wie eh und je. So sind sie geblieben, die Neuwarper – knorrig und eigensinnig, aber treu und verläßlich. Gerade sie mußte es daher 1945 besonders hart treffen, die Heimat zu verlassen! Polen in Neuwarp! Das ist so, als wenn Deutschland im dänischen Aarhus oder im französischen Reims säße – Potsdam machte es möglich.

Der gesamte östliche Zipfel des Kreises Ueckermünde ging damals verloren, bis zum Neuwarper See war die Grenze im November 1945 vorgeschoben worden. 17000 Einwohner des 1939 gerade erweiterten Kreises Ueckermünde mußten ihre Heimat verlassen. Neben Neuwarp kam auch *Ziegenort* unter polnische Herrschaft. Die Kleinbahn Neuwarp-Stöven wurde von der Oder-Neiße-Linie dreimal geschnitten und daher stillgelegt. Heute ist dieses Land ein toter Winkel geworden, in den sich kaum ein Fremder verirrt.

Der Hauptteil des Kreises verblieb 1945 innerhalb der sowjetischen Besatzungszone und kam mit Vorpommern zum Land *Mecklenburg.* Obwohl Pasewalk noch kurz vor dem Ende des Krieges durch einen Bombenangriff schwer zerstört wurde, verlegte man 1950 den Kreissitz von Ueckermünde dorthin, wohl wegen der besseren Verkehrsverbindungen. 1952 wurden die Länder in der inzwischen gegründeten damaligen DDR aufgelöst und durch die zentralistisch verwalteten Bezirke ersetzt, *Neubrandenburg* wurde nun zuständig und das Pasewalker Kreisgebiet auf die beiden neuen Kreise Ueckermünde und Pasewalk aufgeteilt. *Torgelow* war schon 1945 zur Stadt erhoben worden, seiner Arbeitertradition wegen, und *Eggesin* folgte ihm darin 1956, so daß im alten Ueckermünder Kreisgebiet nunmehr fünf Städte zu finden sind.

DIE HAUPTSTADT POMMERNS STETTIN

„Stadt im Grünen" nannte sie sich einst stolz. Man hätte genausogut sagen können: „Stadt zwischen Wald und Wasser". Wenn auch derartige Werbesprüche heute von vielen Kommunen in Anspruch genommen werden und daher recht abgegriffen sind – hier stimmt es wirklich: An drei Seiten war die Stadt von riesigen *Wäldern* umgeben. Die 54 qkm große, fast ausschließlich von Wiesen und Wald umgebene Fläche des *Dammschen Sees* war ein Teil des Stadtgebietes. Welche Großstadt konnte schon ihre eigene *Vogelwarte* aufweisen? Hier schien der Mensch noch mit der Natur in Einklang zu stehen, denn in der Beobachtungsstation *Mönne* ließen sich noch viele seltene Vögel ausmachen.

Nicht nur Wald gab es, sogar *Berge*. Jawohl „Berge". Wenn man bedenkt, daß der Dammsche See auf der Höhe des Ostseeniveaus liegt, treten die Erhebungen der *Buchheide* mit ihren 149 m und der *Warsower Höhen* von 131 m doch erheblich im Landschaftsbild in Erscheinung. Besonders der recht steile Abfall der letztgenannten Hochfläche zur Oder hin zwischen Züllchow und Messenthin erreichte mit dem vielbesuchten *Julo* und seinem Aussichtsturm immerhin 50 m! Ein herrlicher Blick bot sich von hier auf die weite stille Landschaft um den Dammschen See, zu Füßen der Oderstrom mit seinen Schiffen ...

Die *Oder!* Das ist das rechte Stichwort für Stettin. Was wäre die Stadt ohne sie? In einem weiten Urstromtal wälzt sie ihre Fluten von Süden heran, und das gleich in zwei breiten Armen: der westlichen, eigentlichen Oder und der *Großen Reglitz:* Dazwischen lagen in diesem einst sumpfigen Stromspaltungsgebiet noch weitere Rinnsale: Die *Kleine Reglitz*, die *Parnitz* und der *Dunzig*. Der westliche *Steilrand* des Odertales beherrschte auch das Stadtbild: *Hakenterrasse* und *Schloß* sind Teil davon, der *Hauptbahnhof* liegt zu seinen Füßen und konnte sich daher nicht erweitern.

Das Stettiner *Stadtgebiet* war bis 1939 mit 82 qkm verhältnismäßig knapp bemessen. Erst durch die in jenem Jahre erfolgte Eingemeindung von 38 Gemeinden und Gemeindeteilen sowie der beiden Städte *Altdamm* und *Pölitz* wuchs es gewaltig an: Stettin hatte nun nach Berlin und Hamburg mit 461 qkm den *drittgrößten* Flächeninhalt einer deutschen Stadt. Ebenso schwoll durch diese Maßnahme die Einwohnerzahl von 271 575 auf 382 984 Personen an, bis 1941 stieg sie sogar noch auf über 400 000. Dabei hatte Stettin zum Zeitpunkt der Reichsgründung erst 76 280 Einwohner, die allerdings bis 1900 auf 210 702 anwuchsen; 1910 wurden hier 236 145 Seelen gezählt. Die pommersche Hauptstadt war damit nach Breslau und vor Königsberg die *zweitgrößte* Stadt

Westgiebel der St. Johanniskirche in Stettin

Im Hof des Stettiner Schlosses um 1900

im Osten Deutschlands und stand ihrer Bevölkerung nach im Reich – nimmt man die Grenzen von 1937 – an 18. Stelle. 400 000 Stettiner gab es also – Großstädter und Kleinbürger, Ureingesessene und Zugereiste – doch alles waschechte *Pommern;* denn die Zuwanderung in die Hauptstadt erfolgte überwiegend aus der Provinz, weniger aus anderen deutschen Landschaften. An der Sprache waren sie sofort zu erkennen, die „Schtettinää"; ihr „Missingsch" war nicht unbedingt schön, aber das haben *Großstadtmundarten* so an sich. Bei den Fischweibern am Bollwerk war es am reinsten zu hören.
Es dauerte lange, bis aus dem einstigen kleinen wendischen Burgflecken *Stitin* das heutige Stettin erwuchs. Wann sich hier erstmals Menschen niederließen, wissen wir natürlich nicht; auch hier verlieren sich die Anfänge der Besiedlung im Dunkel der Vorzeit. Funde aus der Bronzezeit weisen auf *Germanen* hin, die bis zur Völkerwanderung hier ansässig waren. Nach dieser unruhigen Zeit finden wir um 1100 im Bereich der heutigen Altstadt eine *wendische Fischersiedlung,* die zu Füßen zweier beherrschender Kuppen lag, auf denen eine *Tempelanlage* und ein *Burgwall* standen. Diese aus Holz und Erde erbaute vordeutsche „Stadt" war die *Residenz eines Fürstengeschlechts,* das den mittleren Oderraum beherrschte – wir erkennen es als das spätere *Greifenhaus.*
Das Jahr 1124 ist das erste klar faßbare Datum in der Stettiner Stadtgeschichte. Zu jener Zeit hielt sich *Otto von Bamberg* hier auf seiner Missionsreise durch Pommern auf und taufte die ersten Wenden in Stettin. Der heidnische Triglavtempel wurde zerstört. An seiner Stelle entstanden die ersten beiden Kirchen: *St. Adalbert* und *St. Peter und Paul.* Wo jene gelegen hat, wissen wir nicht genau, sie ist spurlos verschwunden: St. Peter und Paul besteht noch heute, allerdings ist es ein späterer, im 15. Jahrhundert errichteter Bau. Er lag bis 1725 *außerhalb* der Stadt.
Im ausgehenden 12. Jahrhundert erscheinen die ersten *Deutschen* in Stettin: 1187 ist ein Kaufmann *Beringer* aus Franken nachweisbar; er stiftet als Pfarrkiche der werdenden deutschen Ansiedlung die *St. Jakobikirche,* die bis zur Reformation enge Beziehungen zum Bamberger St. Michaelskloster unterhielt. Auffallend sind die im Mittelalter immer wiederkehrenden Bezüge zum *Frankenland.* Sie verdeutlichen das lange Fortwirken der Mission Ottos von Bamberg.

Ehemaliges Wietzlowsches Palais am Roßmarkt in Stettin

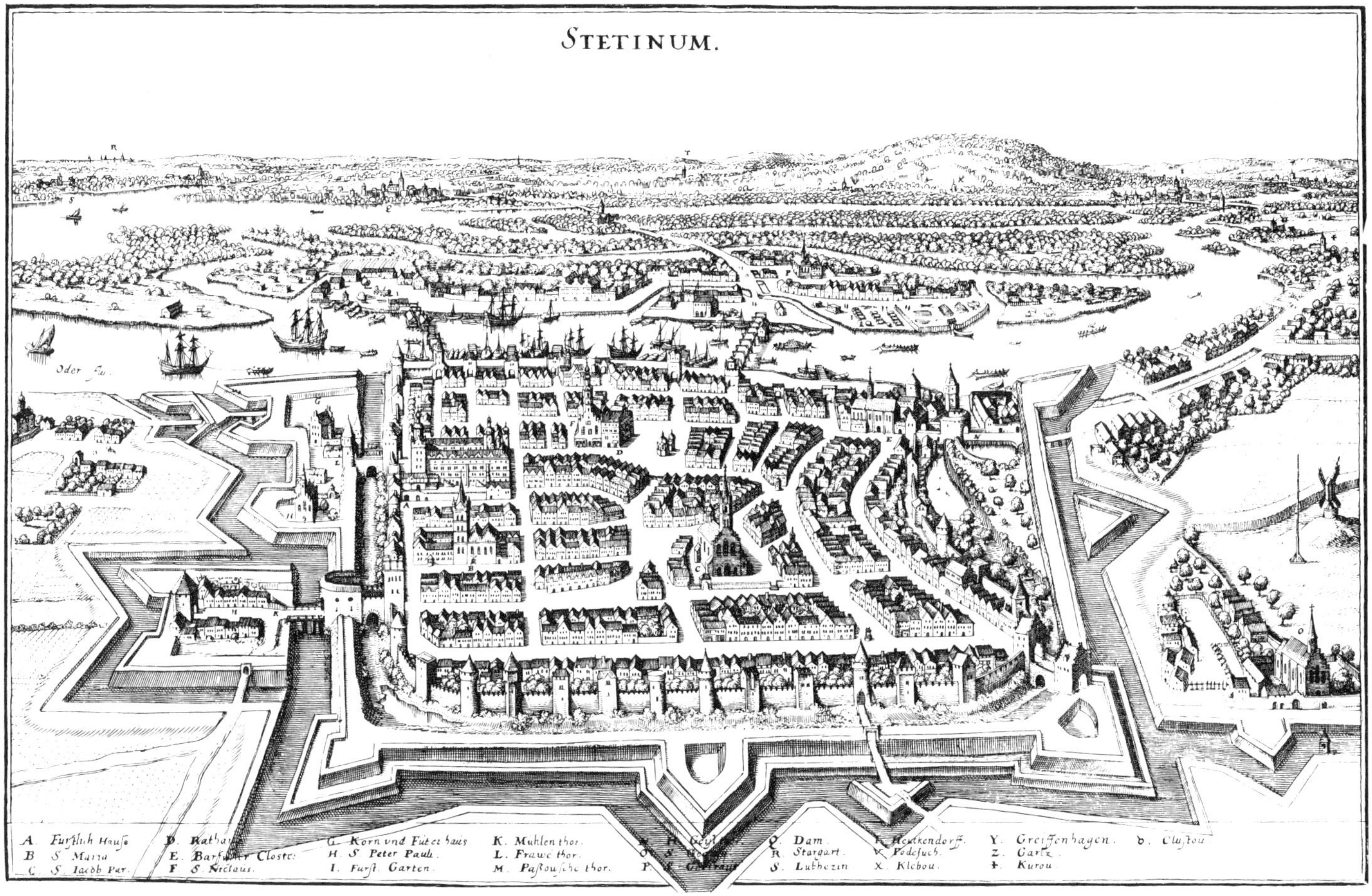

Stettin – Vogelschau-Ansicht von Merian (1652)

Die pommerschen Herzöge begünstigten die im Wachsen begriffene deutsche Kaufmannssiedlung und verliehen ihr im Jahre 1243 das *magdeburgische Stadtrecht.* Gerade die Verleihung des Niederlage- oder Stapelrechts (1282) brachte den Stettinern viele Vorteile: Dadurch mußten alle Schiffe, die vom Meere kommend oderaufwärts fahren wollten – oder umgekehrt –, den Weg über Stettin nehmen und hier ihre Waren feilbieten. Als die Stadt 1299 noch das Recht erhielt, durch die Oderniederung einen *Damm* und *Brücken* über die verschiedenen Flußläufe zu bauen, war auch der zu Lande laufende Ost-West-Verkehr auf Stettin festgelegt. Es verwundert daher kaum, daß sich die Stadt schon früh dem Bund der *Hanse* anschloß.

Der äußere Wohlstand jener Zeit des 14. und 15. Jahrhunderts verlieh Stettin ein reich entwickeltes Stadtbild, das den Formen der späten *Backsteingotik* entsprach. Der Stettiner

Jakobikirche in Stettin, vom Kohlmarkt aus

Baumeister *Hinrich von Brunsberg* prägte viele öffentliche Bauten – so die Südwand von St. Jakobi, St. Peter und Paul, vielleicht auch das alte *Rathaus.* Sein Wirken ist weit über die Stadt hinaus bis in die benachbarte Neumark (Königsberg), nach Posen und Brandenburg nachweisbar.

Natürlich kam es im Mittelalter auch zu Konflikten zwischen dem Landesherrn, der das Erstarken seiner Hauptstadt mit Eifersucht sah, und den selbstbewußter auftretenden Bürgern: 1249 hatte der Herzog zwar auf die Stelle seiner Burg verzichtet und sie an die Stadt abgetreten. 1346 jedoch erzwang er die Rückgabe nach einem Aufruhr der Stettiner und ließ sich hier ein *Schloß* bauen.

Das 16. Jahrhundert mit seinen großen Wandlungen sollte auch an Stettin nicht vorübergehen. Die *Reformation* fand schon früh Eingang, *Paul vom Rode* war der erste Prediger, der Luthers Lehre in der pommerschen Hauptstadt verkündete. Der neue Glaube setzte sich trotz der anfänglichen Ablehnung seitens der pommerschen Herzöge durch: 1535 wurde er auch offiziell durch den Landtag zu Treptow in ganz Pommern eingeführt. Die Klöster wurden nun anderen Zwecken zugeführt: Das Kloster der *Franziskaner* wurde Garnison- und dann Pfarrkirche, das *Kartäuserkloster* in Grabow bauten sich die Herzöge zur *Oderburg* aus, und das *Nonnenkloster,* das vor dem Frauentor lag (etwa zu Füßen der heutigen Hakenterrasse), verkam und war seit dem 18. Jahrhundert nur noch Pulvermagazin, bis es kurz nach 1900 abgebrochen wurde.

Die größte bauliche Veränderung nahmen die Herzöge jedoch an ihrem *Schloß* vor: Schon *Bogislaw X.* ließ den nach ihm benannten Bogislawbau aufführen, der im ausgehenden 16. Jahrhundert im Stile der Renaissance verändert wurde. *Johann Friedrich* errichtete den Nord- und Ostflügel völlig neu, die alte *St. Ottenkirche* wurde abgebrochen und an ihre Stelle trat eine *Schloßkirche,* die ganz in den Nordbau des Schlosses eingefügt war – sie wurde somit zum *ersten evangelischen Kirchenbau Pommerns.* Spätere Anbauten unter seinen Nachfolgern machten die herzogliche Residenz zu einem weitläufigen Gebäudekomplex, der mit seinen edlen *Renaissanceformen* und vier Türmen einen interessanten Kontrast zu der noch immer spätgotisch geprägten Bürgerstadt darstellte.

Das 16. Jahrhundert ist für Stettin zu einem Zeitalter des *geistigen Aufblühens* geworden. 1553 gründeten die Herzöge hier ein Pädagogium, aus dem sich später das *Marienstiftsgymnasium* entwickelte, 1577 erhielt die Stadt ihre erste *Druckerei,* die seit 1829 unter dem Firmennamen *F. Hessenland* bis 1945 fortbestand, und 1618 gab hier *Eilhardus Lubinus* im Auftrage des Herzogs seine große Pommernkarte heraus, von der in diesem Buch einige der charakteristischen ovalen *Stadtansichten* wiedergegeben sind. Doch ging Stettin bald mit raschen Schritten dem Dreißigjährigen Krieg entgegen. Pommern – seit 1625 unter seinem letzten Herzog *Bogislaw XIV.* wieder *geeint* – war zu schwach, um sich der Scharen Wallensteins zu erwehren. Zwar blieb den Stettinern auch nach der Kapitulation von Franzburg eine kaiserliche Besatzung erspart; dafür landeten 1630 die *Schweden* in Pommern, und Gustav II. Adolf zog in die Stadt ein. Als ob sie schon die Herren im Lande wären, führten sie sofort die neue Befestigung mit Wällen und Bastionen durch, die uns Merian in seinem Kupferstich so schön zeigt. Das noch immer mittelalterlich geprägte Stettin wurde somit zu einer modernen schwedischen *Festung.*

Als Herzog Bogislaw XIV. im Jahre 1637 die Augen für immer schloß, richteten sich die Schweden auf Dauer in Stettin ein. Als der brandenburgische Große Kurfürst 1640 sein ihm rechtmäßig zustehendes Erbe forderte, verweigerten es ihm die Nordländer. Durch den Westfälischen Frieden von 1648 wurde auch formal die *schwedische Herrschaft* fortgeschrieben; sie dauerte noch 72 Jahre.

Allerdings nicht unangefochten: Als 1675 die Schweden in Brandenburg eingefallen waren und der Große Kurfürst sie bei Fehrbellin vernichtend geschlagen hatte, glaubte er seine Stunde gekommen, um Vorpommern „heimzuholen“. Er rückte vor Stettin, *belagerte* die Stadt und konnte nach heftiger Beschießung die starke Festung sogar *einnehmen.* Stettin war ihm so viel wert, daß er sogar daran dachte, es zur *Residenz* seines Staates zu machen.

Die Hauptstadtträume zerstoben sehr bald. Friedrich Wilhelm *verlor* auf dem glatten Parkett der Diplomatie, was er in Schlachten tapfer erkämpft hatte: Stettin wurde wieder schwedisch, seine nordische Zeit war noch nicht abgelaufen. Diese Belagerung und anschließende Eroberung hat das Stadtbild Stettins *entscheidend* beeinflußt. Die gotische Bürgerstadt des Mittelalters war im Hagel von Granaten und Bomben untergegangen, die Kirchen zerstört, ebenso das Schloß. Jahrelang blieben Trümmer liegen, und die meisten wüsten Hausstellen konnten in den folgenden – den letzten –

Altar der Jakobikirche in Stettin

Stettin – Panorama-Ansicht von F. B. Werner (um 1730)

vier Jahrzehnten der schwedischen Herrschaft nicht aufgebaut werden. Der Turm der St. Jakobikirche erhielt ein Notdach, das bis 1893 halten sollte – und heute wiederentstanden ist, als Rückgriff auf einen „historischen Zustand". Die Belagerung der Stadt im Nordischen Kriege durch Russen und Polen im Jahre 1713 zerstörte weitere 150 Häuser. Doch brachte dieser Krieg auch die entscheidende Wende zum Besseren.

Der preußische König *Friedrich Wilhelm I.*, Enkel des Großen Kurfürsten, konnte endlich das erreichen, was seinem

Großvater versagt blieb: Stettin und einen Teil Vorpommerns dem *preußischen Staat* anzugliedern. 1720 fiel ihm diese wertvolle Erwerbung zu, er bezahlte dafür an die Schweden sogar noch zwei Millionen Taler. Der Enkel hegte für den nun *größten Seehafen Preußens* die gleiche Wertschätzung wie sein großer Vorfahr, machte es jedoch nicht zu seiner Residenz, sondern ließ die Befestigungsanlagen stark ausbauen. Eine Reihe stattlicher Bauten entstand, zum Teil auf direkte Veranlassung des Königs, der hier – im Gegensatz zu seiner sonstigen Natur – sehr freigebig war: die beiden *Festungstore,* das Berliner und Königstor, das *Ständehaus* der Pommerschen Ritterschaft (später Landesmuseum), das *Wietzlowsche Palais* am Roßmarkt und vor ihm die seinerzeit vielgerühmte *Wasserkunst* des Schweizers Dubendorf, das *Wolkenhauersche Haus* – um nur einige zu nennen. Der zerschossene Turm der *St. Marienkirche* erhielt eine barocke Spitze, und die letzten wüsten Hausstellen wurden bebaut. Vor den Toren der Stadt entstand das riesige sternförmige *Fort Preußen,* später kamen die *Forts Wilhelm* und *Leopold* hinzu. *Gerhard Cornelius von Walrawe* war der große Baumeister jener Epoche, der Stettin den Stempel aufdrückte, so daß es nun auch *äußerlich* eine preußische Stadt wurde. Das Werk des Vaters setzte *Friedrich der Große* nach seinem Regierungsantritt fort. Er ließ die Wasserstraße seewärts vertiefen und gründete *Swinemünde* als Vorhafen für Stettin. Eine lebhafte Schiffbautätigkeit zusammen mit dem Aufkommen der ersten industriellen Unternehmungen setzte nun ein und brachte Handel und Wandel in die Stadt, die in der schwedischen Zeit fast abgestorben waren. Stettin lebte sich überraschend schnell in seine Rolle als größter Seehafen Preußens ein und wurde in der Folgezeit auch aus *Überzeugung* eine durch und durch preußische Stadt. Im Jahre 1797 hatte die Stadt 1182 Häuser, von denen über die Hälfte in den 50 Jahren davor erbaut worden waren, rund 18 000 Einwohner lebten in dieser Zeit in Stettin. Besondere Erwähnung verdient das Wirken des Geheimen Oberbaurats *Gilly* (1748–1808) in jenen Jahren, er prägte in maßgeblicher Weise den stilistischen Übergang vom verhaltenen preußischen Barock zum *Klassizismus* mit; leider ist nur wenig davon im Stadtbild verblieben.

Die Zeit der napoleonischen Fremdherrschaft brachte der pommerschen Hauptstadt die schmachvolle Übergabe der Festung an die *Franzosen* durch den Kommandanten v. Ingersleben und eine darauf folgende siebenjährige *Besatzungszeit.* Nach den Freiheitskriegen wurde Stettin endgültig Hauptstadt des ganzen wiedervereinigten Pommern.

Eine nachhaltige wirtschaftliche Entwicklung setzte ein, ermöglicht auch und gerade durch die neuen *Verkehrsbauten:* 1822 war die erste *Chaussee* Pommerns, die Landstraße nach

Berliner Tor in Stettin

Berlin über Gartz, fertiggestellt. Wäre es nach einigen Stettiner Kaufleuten gegangen, hätte die erste deutsche *Eisenbahn* nicht zwischen Nürnberg und Fürth, sondern zwischen der pommerschen und der preußischen Hauptstadt ihren Betrieb aufgenommen. Doch die 1843 fertiggestellte Bahn war trotzdem noch eine der frühesten in Deutschland. 1842 setzte der erste regelmäßige *Dampferverkehr* nach Swinemünde und weiter nach Stralsund und Rügen ein, 1856 wurden die *Oder* und die *Fahrrinne* durch das Haff auf 5 m vertieft. Im gleichen Jahre konnte der regelmäßige Dampferverkehr zu den Häfen der Ostsee-Randstaaten aufgenommen werden.

Alte Speicher auf der Lastadie in Stettin

Stettin schien aus allen Nähten zu platzen. Noch immer legte sich jedoch der enge Festungsgürtel wie ein *Panzer* um die Stadt und schnürte sie ein. 1845 öffnete man dieses „Korsett" etwas, um im Südwesten eine *Neustadt* anzulegen, um die sich allerdings die Festungsanlagen gleich wieder schlossen, ebenso erwuchs in jener Zeit auf der *Silberwiese* ein neuer Stadtteil. 1846 konnte die Eisenbahn bis Stargard, 1848 bis Posen, 1859 bis Kolberg und Köslin und 1863 bis Pasewalk-Stralsund eröffnet werden.

Die *Industrialisierung* hielt damit nicht nur Schritt, sondern beeinflußte dieses Wachstum ganz erheblich: Mühlenbetriebe, Zuckersiedereien, Maschinenbauunternehmen – von denen die 1851 gegründete spätere *Vulcan-Werft* in der Zeit vor dem Ersten Weltkrieg zur größten ihrer Art auf dem europäischen Kontinent heranwachsen sollte – Eisengießereien, die erste *Portland-Zementfabrik* Deutschlands und viele andere Betriebe entstanden im vorigen Jahrhundert.

Auch das *geistige Leben* stand damals nicht still, wenn es auch – dem romantisch-biedermeierlichen Zug der Zeit entsprechend – eine gewisse Verinnerlichung zeigte. Hier trat der Kreis um das Haus *Tilebein,* eines Stettiner Großkaufmanns, hervor, dem der Balladenkomponist *Carl Loewe* angehörte: Er war von 1822–1866 zugleich als Organist an der St. Jakobikirche tätig. Seinem letzten Willen gemäß wurde nach seinem Tode sein Herz in einem Pfeiler der Kirche nahe seiner geliebten Orgel eingemauert.

Voll entfalten konnte sich Stettin erst nach der Begründung des deutschen Kaiserreiches, als im Jahre 1873 die *Entfestigung* der Stadt verfügt wurde. Die nun frei werdenden Flächen wurden in außerordentlich regelmäßiger, harmonischer Weise bebaut. Während in der Innenstadt die Raumnot zunehmend enge Mietskasernen hervorbrachte, denen die wenigen noch vorhandenen älteren Häuser Platz machen mußten, entstanden hier großzügige Mietshäuser, deren *großbürgerlich-vornehmer* Zuschnitt der Stadt von nun an das Gepräge gab: Die neue städtebauliche Achse wurde die

Stettin – Hakenterrasse an der Oder mit Städtischem Museum (links) und Regierungsgebäude (rechts)

Kaiser-Wilhelm-Straße mit ihren sternförmigen Plätzen, deren Anlage verrät, daß die Stadtplaner jener Zeit in den damals neuen Pariser Boulevards ihr Vorbild sahen. Zum Glück sparte man das Gebiet mit der schönsten Lage aus und reservierte es für öffentliche Bauten, deren repräsentative Erscheinung zur „guten Stube" Stettins werden sollte: die *Hakenterrasse.* Sie trägt mit Recht den Namen des um die städtebauliche Entwicklung der pommerschen Hauptstadt so ungemein verdienten Oberbürgermeisters *Haken,* der in den Jahren von 1877–1911 wie vor ihm nur Walrawe der Stadt den Stempel aufzudrücken verstand. Das ganze Festungsgebiet war jetzt in geschlossener Weise bebaut, der Anschluß an die älteren, vor der einstigen Festung nach 1800 entstandenen Stadtteile *Torney* und *Grünhof* damit hergestellt. Seit 1877 sorgte eine *Straßenbahn* für die Bewältigung des wachsenden innerstädtischen Verkehrs.

Nach der Eingemeindung von *Grabow, Bredow* und *Nemitz* (1900) sowie *Zabelsdorf, Braunsfelde, Eckerberg* und *Schwarzow* (1911) erreichte Stettin kurz vor dem Ersten Weltkrieg die erste Viertelmillion Einwohner – die Bevölkerungszahl hatte sich im Laufe der vorangegangenen 100 Jahre gerade verzehnfacht!

Als Folge des verlorenen Ersten Weltkrieges litt die pommersche Hauptstadt unter einem Mangel an Aufträgen für die *Werften.* Das Ergebnis war der katastrophale *Zusammenbruch* der traditionsreichen Vulcan-Werft im Jahre 1929. Hallen und Helligen wurden *demontiert* – Stettin hatte über Nacht 10000 *Arbeitslose* mehr, was Wunder, daß auch die

politischen Gegensätze zwischen rot und braun ihre Nahrung fanden! 1931 starb der verdienstvolle Oberbürgermeister *Ackermann,* der seit dem Tode Hakens die Geschicke der Stadt geleitet hatte. Sein Andenken ist durch die Vorortsiedlungen, deren eine seinen Namen trägt, gewahrt.
1939 erlebte die Stadt kurz nach Kriegsbeginn eine gewaltige *Erweiterung* ihres Gebietes: Um 111 409 Einwohner stieg die Bevölkerungszahl Stettins damals. Das war das einzige Gute, denn die sich ständig steigernden *Bombenangriffe* löschten einen Stadtteil nach dem anderen aus. Verheerend wirkte sich der Angriff Ende August 1944 aus, bei dem fast die ganze Altstadt sowie große Teile Grabows, Bredows und des

Manzelbrunnen in Stettin

Hafengebietes zerstört wurden. Als Stettin am 26. 4. 1945 nach kurzem Kampf aufgab, war es ein *Trümmerhaufen.*
Der Sieger, Marschall Schukow, setzte in der Stadt einen *deutschen* Kommunisten ein, der die Verwaltung reorganisieren sollte. Trotz zweimaliger polnischer Versuche, über die Oder vorzudringen, konnte er bis zum 5. 7. 1945 amtieren; dann mußte er den *Polen* Platz machen: Stettin kam unter *polnische Verwaltung.*
Das *traurigste Kapitel* begann nun: Die Bevölkerung, die bis 1945 immer rein deutsch gewesen war, mußte innerhalb kürzester Frist ihre *Heimat verlassen:* Die Polen wollten schnell vollendete Tatsachen schaffen, weil sie sich der Stadt nicht sicher glaubten. So gab es 1948 in Stettin nur noch 440 (!) Deutsche – von (1940) 400 000 Einwohnern! So *radikal* ist keine Stadt im Osten entdeutscht worden.
Nur mühsam gelang es den Polen, das Leben in der Stadt in Gang zu setzen. Die Zerstörungen betrugen im gesamten Stadtgebiet 44 v. H. der Bausubstanz, im Zentrum kamen sie stellenweise auf über 90 v. H. Jahrelang geschah nur das Notdürftigste, der Wiederaufbau setzte sehr langsam ein und ist bis heute nicht abgeschlossen. Einige monotone Neubausiedlungen entstanden in den Vororten, die Wiederherstellung der historischen Bauten erfolgte erst *nach* den Ostverträgen, also nach 1972.
Heute leben hier fast 390 000 Polen, die nur zu einem *kleinen* Teil aus den ehemals polnischen Gebieten östlich von Bug und San stammen; nach polnischen Angaben waren dies im Jahre 1948 nur 26,6 v. H., durch den starken Zuzug aus *Zentralpolen* in den Jahren danach ist ihr Anteil eher noch gesunken.
Unser liebes altes deutsches Stettin ist heute eine lärmende, wenig anziehende Großstadt mit einer bunt zusammengewürfelten polnischen Bevölkerung; sein Kleid, sein Charakter und vor allem seine Geschichte machen es nach wie vor zu einer *deutsch*geprägten Stadt, die selbst heute noch ihre Herkunft, ihre einstigen Bewohner nicht verleugnen kann.

HINTER DER ODER
DER KREIS GREIFENHAGEN

Das Greifenhagener Land ist der erste hinterpommersche Kreis, den man betritt, wenn man die Oder überquert. Den rechten Eindruck bekommt man, wenn man dabei die Autobahn wählt: Auf hohem Damm durch die breite Stromaue der Oder mit ihren beiden Armen fährt man auf die blauen, bis 150 m aufragenden Berge der Buchheide zu, dem schönsten der vielen Naherholungsgebiete um die pommersche Hauptstadt Stettin. Von hier bis zum fernen Bahner Hochland erstreckt sich der Kreis über 966 qkm. 58572 Einwohner lebten hier nach dem Stand von Mitte 1939 in 72 Landgemeinden und den Städten Greifenhagen, Fiddichow und Bahn.
Im Jahre 1939 erfuhr der Kreis Greifenhagen eine erhebliche Erweiterung durch die Auflösung des Kreises Randow: 522 qkm mit 24843 Einwohnern in 37 Landgemeinden und den beiden Städten Gartz/Oder und Penkun, alle westlich der Oder gelegen, kamen hinzu, während die vier Landgemeinden *Buchholz, Hökendorf, Mühlenbeck* und *Sydowsaue* an die Stadt Stettin abgetreten werden mußten. Der neue, vergrößerte Kreis hatte nun einen Umfang von 1454 qkm mit 69326 Einwohnern (1939). Nach 1945 wurde diese Gebietsreform durch die Ziehung der Demarkationslinie an der Oder wieder rückgängig gemacht.
Wenn man von Altdamm auf der alten Reichsstraße 2 in Richtung Stargard fährt, erreicht man bald jenseits der Autobahn bei dem kleinen Orte Hohenkrug, von dem wir noch hören werden, die Abzweigung der Straße nach Pyritz. Ihr sollten wir ruhig folgen, um ein pommersches Kleinod zu entdecken, das auch heute abseits der großen Straßen und der lauten Welt gelegen, seit über 800 Jahren die Zeiten überdauert hat: die *Klosterkirche von Kolbatz.*
Im Jahre 1173 war die Gegend zwischen der Großen Reglitz, dem Dammschen See und dem Madüsee eine einzige Wald- und Sumpfwildnis: der Madanzig-Wald. Im Nordosten

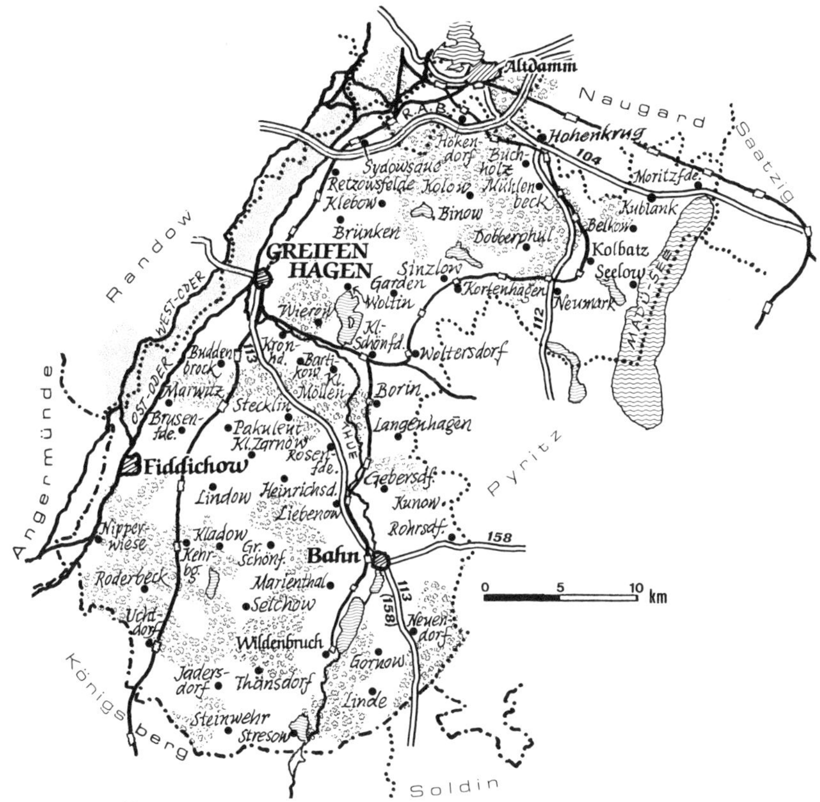

Übersichtskarte des Kreises Greifenhagen

reichte dieser Urwald bis in die Waldlandschaft Gollenog hinein, die sich an der unteren Ihna entlangzog. In jenem Jahre schenkte Wartislaw Swantiboriz, ein Verwandter des pommerschen Fürstenhauses, dem Zisterzienserorden die Madanzig-Wildnis und stiftete hier ein Kloster, das ursprünglich den Namen Lautertal (mera vallis) erhalten sollte, dann aber doch nach dem nahen pommerschen Fürstensitz, dessen Ringwall bis heute erhalten geblieben ist, seinen Namen führte: *Kolbatz.*
Aus dem dänischen *Esrom* kamen die Mönche: zuerst ein Abt und je zwölf Brüder und Laien. Sie hatten von dem Esromer Konvent die Aufgabe erhalten, die dem Orden geschenkte schreckliche Wildnis urbar zu machen und zu besiedeln sowie den christlichen Glauben in dem noch halb heidnischen Pommern zu befestigen. Für diesen beschwerlichen Auftrag waren sie die gerade geeigneten Leute: Hatte sich doch der in dem französischen Molesmes 1075 erst gegründete und nach

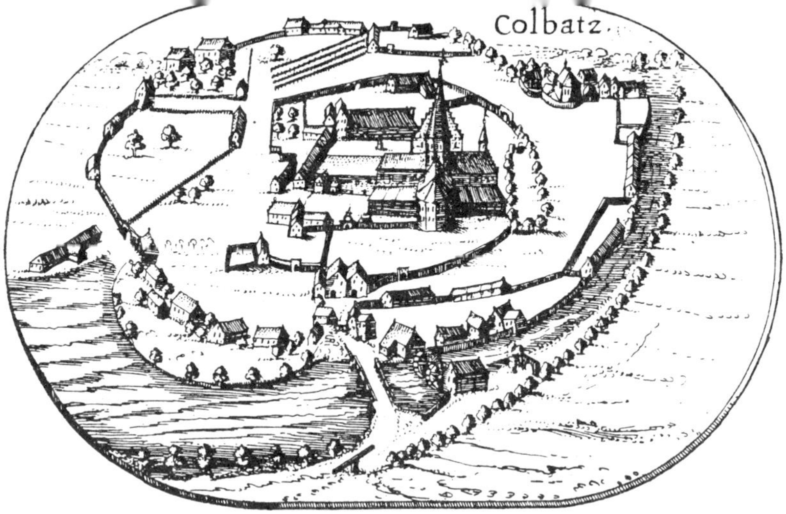

Kolbatz – Ansicht von Lubinus (1618)

dessen erstem Tochterkloster Citeaux (1098 gegründet) benannte Zisterzienserorden mit seiner sehr streng gehandhabten Regel „ora et labora" (= bete und arbeite!) ganz der Kultivierung und Erschließung von Einöden verschrieben. Wenn die ersten Arbeiten erledigt waren, teilte sich jeweils der Konvent und sandte jüngere Brüder zur Gründung eines weiteren Klosters aus.

So kam es rasch zu immer neuen Tochtergründungen (Filiationen), die einen engen Kontakt untereinander und zu ihrem Mutterkloster hielten. Als ursprüngliche Mutterklöster galten die vier Töchter von Molesmes: das schon erwähnte Citeaux, La Ferté (1113 gegründet), Clervaux (1115) und Morimond (ebenfalls 1115). Sie bildeten mit ihren ersten Töchtern im Rheinland regelrechte *Filiationsketten,* unser Kolbatz gehörte zur Kette Esrom(1154)-Clairvaux und konnte bereits aus eigener Kraft 1186 in dem fernen Oliva bei Danzig ein viertes Glied anfügen. Eine andere für den deutschen Nordosten sehr bedeutsame Kette war von Morimond über Altenkamp-Amelunxborn-Doberan ausgegangen und hatte von diesem mecklenburgischen Kloster die Äste nach Dargun-Eldena sowie nach Pelplin bzw. Buckow gebildet.

Sehr bald holten die Mönche, die wohl zum Teil deutscher Herkunft waren, deutsche Bauern ins Land und legten für sie Dörfer an, von denen das erste bereits 1173 noch namenlos als „Dorf der Deutschen" (villa theutonicorum) urkundlich bezeugt ist. Es ist das schon genannte *Hohenkrug,* mithin das *älteste deutsche Dorf Hinterpommerns.* Mit seiner Gründung setzt die deutsche Besiedlung des Landes östlich der Oder ein, die in der Folgezeit Pommern zu einem deutschen Land gemacht hat.

Von dem Madanzig-Urwald blieb nicht viel erhalten, lediglich die wellige, stark ansteigende und daher kaum beackerbare Höhe der Buchheide ist ein kleiner Rest dieser einstigen Wildnis, heute ein gut durchforstetes und oft durchwandertes Laubwaldrevier. Die Sümpfe am Madüsee gingen in den Wasserfluten unter, als die Mönche den Abfluß dieses Sees, die Plöne, zur Anlage von Mühlen aufstauten. Die dicken, knorrigen Eichenstämme des abgestorbenen Urwaldes fanden die Neusiedler noch nach 1770 im Torf, als der See wieder abgelassen und auf dem ehemaligen Grund friderizianische Kolonistendörfer angelegt wurden.

Einen herrlichen Kirchenbau errichteten die Mönche im 13. und 14. Jahrhundert: Der 1210 begonnene, in seinen ältesten Teilen bis heute weitgehend erhaltene Bau weist noch romanische Formen auf, die in der Gotik zu Ende geführt worden sind. Beeindruckend ist die etwa 5 m im Durchmesser aufweisende Rose an der Westfassade. Sie gehört zu den frühesten ihrer Art in der norddeutschen Backsteingotik.

Als nach der Einführung der Reformation der letzte der 44 Kolbatzer Äbte, Bartholomäus, seine Würde niederlegte, zerfiel die ganze klösterliche Herrlichkeit. Der reiche Besitz der Abtei kam an das pommersche Herzogshaus; die Kirchenschätze wurden unter die pommerschen Fürsten verteilt, die sie wohl bald zu Geld machten.

Wenden wir uns nun der Kreisstadt zu! Wir nehmen am besten den Weg von Stettin über Podejuch die Große Reglitz aufwärts. Noch im Kreis Randow liegt *Podejuch,* 1939 eine Landgemeinde mit 10000 Einwohnern. Schon in unserem Kreise folgt *Sydowsaue* mit *Klütz,* jenes ein ehemaliges friderizianisches Kolonistendorf, das 1747 angelegt wurde und sich in unserem Jahrhundert stark entwickelte: 1902 entstand hier eine Kunstseidenfabrik, die später stark ausgebaut wurde. Südlich schließen sich eine Reihe von Dörfern an, die ebenfalls zur Zeit Friedrichs des Großen erbaut wurden: *Retzowsfelde, Ferdinandstein, Eichwerder, Mönchkappe, Neu Brünken* und *Wintersfelde* – der Gemüsegarten für die nahe Provinzhauptstadt Stettin.

Noch bis ins 18. Jahrhundert hinein war das Odertal eine einzige Sumpfwildnis, die sich bis an den Rand des Urstromtals erstreckte. Nach dem Regierungsantritt des großen Königs wurden die Ränder des Tales entwässert und besiedelt; doch der Bereich zwischen den beiden Hauptarmen blieb Überschwemmungsgebiet, das zwar im Sommer gutes Heu lieferte, aber nur schwer zugänglich war. Die Bauern am Rande des Tales mußten hier alle Kähne haben, denn nur auf dem Wasser ließ sich diese verwirrende Vielfalt von Armen durchqueren: Krumme Reglitz, Schloo, Gartzer Querfahrt, Pinn, Glambeck, Alte und Neue Kreuzfahrt, Wendesee, Breite Fahrt, Kietzbahn sind Namen dieser Gewässer, die die Oderbauern ihnen im Laufe der Zeit gegeben haben.

Bis in unser Jahrhundert hinein gab es immer wieder Klagen wegen der Überschwemmungen, die oft das gerade aufgehäufelte Heu wegtrieben. So wurde aufgrund des Oderregulierungsgesetzes von 1904 die Stromaue der Oder eingedeicht und in einzelne *Polder* eingeteilt und mit Schleusen und Schöpfwerken versehen. Gleichzeitig vertiefte und begradigte man die beiden Hauptarme des Stromes, die Westoder und die Große Reglitz; diese wurde zum Hauptschiffahrtsweg. Ein kleines Stück „Holland“ war entstanden.

Die Stadt *Greifenhagen* liegt an der Stelle, wo die Große Reglitz sich bis auf etwa 500 m dem östlichen Rand des Odertales nähert und eine auch bei den meisten Hochwässern trockene Terrasse den Strom berührt. Hier hatten sich in der Mitte des 13. Jahrhunderts deutsche Siedler niedergelassen, um eine Stadt zu gründen. Die sehr regelmäßige Anlage mit ihrem charakteristischen Schachbrettmuster umgaben sie mit einer Stadtmauer, auch zur Oder hin, und errichteten zwei Tore: Im Norden führte durch das Stettiner oder Wiek-Tor der Weg hinaus nach Stettin, im Süden durch das Bahner oder St. Jürgen-Tor gelangte man auf der alten Bahner Straße hinaus auf die Hochflächen im Süden des Kreises. Rathaus und Kirche entstanden auf dem Marktplatz in der Mitte der Stadt. 1254 erhielt die deutsche Siedlung durch Herzog Barnim I. das magdeburgische Stadtrecht.

Die Ansiedler kamen wohl aus der nahen Mark Brandenburg, die dort häufige Benutzung von *Granitquadern* zum Bau der Kirchen ist auch in Greifenhagen in ältester Zeit erfolgt. 1312 konnte die Stadt das nördlich des Stettiner Tores gelegene Wendenviertel, die Wiek, erwerben und eingliedern. Die Schweden rissen 1630 die Wasserseite der Stadtmauer ab, nach 1784 fiel das Stettiner Tor, 1876–1899 verschwand der größte Teil der Mauer auf der Landseite, zumal im Zusammenhang mit dem Bau der Eisenbahn Stettin–Küstrin 1876/1877. Der Weg war frei für ein größeres Greifenhagen. 1909 zog die Industrie in Form einer chemischen Fabrik ein, eine umfangreiche Filzwarenherstellung schloß sich an. 1939 zählte Greifenhagen 9858 Einwohner.

Greifenhagen – Ansicht von Lubinus (1618)

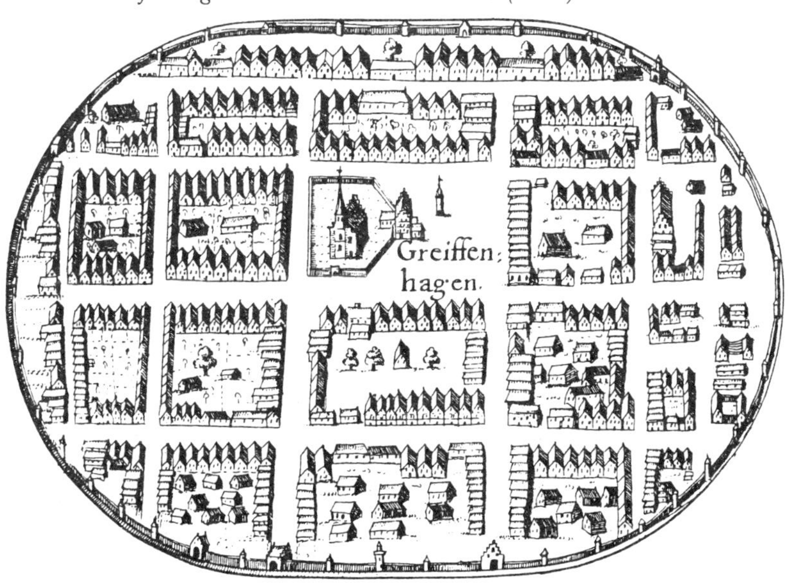

Bahner Tor in Greifenhagen

Das Ende des letzten Krieges brachte Greifenhagen Brände und Zerstörungen, endlich die Vertreibung seiner Bewohner. Die ganze Innenstadt wurde vernichtet, lediglich die wiederhergestellte Nikolaikirche mit ihrem erst 1939–1941 errichteten barocken Helm und das Bahner Tor sind heute noch Zeugen des alten Greifenhagen.
Etwa 6 km östlich liegt *Woltin,* bis ins 17. Jahrhundert ein kleines Ackerbürgerstädtchen, dann auf Wunsch seiner Bewohner 1611 zu einem Dorf herabgestuft. Auch *Fiddichow,* 18 km stromauf von Greifenhagen an der Oder gelegen, war ein kleines Ackerbürgerstädtchen, das schon 1159 als castrum Viduchowa erwähnt wird und 1347 von Herzog Barnim III. Stadtrecht erhielt. Es blieb ein offenes Städtchen, bis in unsere Tage mehr ein Flecken denn eine Stadt. 1945 verlor es seinen städtischen Rang, die nahe Oder bildet jetzt die Grenze zu Deutschland. 1939 lebten hier 2495 Einwohner, heute ist es ein Dorf.
Mit der Reformation starb viel volkskundliches und religiöses Brauchtum ab, nur hin und wieder hielten sich Sprüche und Redensarten, die eine derartige Herkunft vermuten lassen. Eine solche ist der Ausspruch: „Es geht aus wie das *Spiel zu Bahn*" – eine Aussage, die die Bahner gar nicht gern hören. So wie noch heute alle 10 Jahre das berühmte Passionsspiel zu Oberammergau aufgeführt wird, gab es im Spätmittelalter auch in Pommern ein derartiges, vom Volke für das Volk gestaltetes Spiel – eben das Spiel zu Bahn. Da hat sich nun im Jahre des Herrn 1498 allerlei Merkwürdiges zugetragen:
Wie so oft, gab es bei den Vorbereitungen solcher Aufführungen Streitigkeiten, wer welche Rolle zu spielen hatte. Auf jeden Fall sollte der Würdigste den Jesus verkörpern, die schönste Frau hatte wohl Anspruch auf die Rolle der Maria, wenn sie als tugendhaft galt. Natürlich riß sich niemand um die Rollen des Pilatus und schon gar nicht des Judas, hingegen waren die der Jünger des Herrn begehrt. Verständlich, daß es auch in jenem Jahre zu Reibereien kam, die schließlich in eine Todfeindschaft zwischen den Darstellern des Jesus und Longinus ausmündeten. Doch auf der Bühne, wo das heilige Spiel alle Gemüter um der Darstellung des Leidens Christi willen in Eintracht vereinen sollte, würden diese Streitereien wohl in den Hintergrund zu treten haben.
Viel Volk aus nah und fern war am fraglichen Tage zusammengekommen, um dem heiligen Spiel zu lauschen, und voller Spannung und Andacht saß man in der Kirche und harrte des Kommenden. Als die Szene herangekommen war, wo der römische Knecht Longinus den am Kreuz hängenden Jesus mit dem Speer erstechen sollte – man hatte dem Jesusdarsteller dazu eine Schweinsblase voll Blut unter der Kleidung umgebunden – traf der Speer des Longinus nun aber

nicht die verabredete Stelle mit der Blase, sondern den Darsteller mitten ins Herz. Dieser stürzte mitsamt dem Kreuz tot um und erschlug mit voller Wucht die unter dem Kreuz sitzende Maria. Als dies Johannes, der Lieblingsjünger Jesu und langjährige Freund der Maria, sah, sprang er auf den Longinus zu und erwürgte auf offenem Podium den Darsteller des römischen Knechtes.

Zum großen Entsetzen aller setzte nun auf der Bühne ein allgemeines Hauen und Stechen ein, in das sich auch noch viele Zuschauer einmischten. Dabei gingen große Teile der kirchlichen Innenausstattung zu Bruch, was die Geistlichkeit händeringend mit ansehen mußte, ohne wirksam in das sehr unheilig gewordene Spiel eingreifen zu können. Auf echt pommersche Art trug man die Sache, erst einmal richtig in Fahrt gekommen, gründlich aus. Irgendwann ergriff Johannes die Flucht. Als er von der Stadtmauer sprang, brach er sich ein Bein. Später ereilte den Lieblingsjünger Jesu doch noch die gerechte Strafe: Er wurde aufs Rad geflochten.

Für die Stadt *Bahn* wurde das Ganze zu einem Passionsspiel besonderer Art: Sie wurde von der Kirche in den Bann getan, von dem sie sich nur durch die jährliche Zahlung eines hohen Sühnegeldes lösen konnte. Wen wundert es daher, wenn sich später Bahn sofort der Reformation in die Arme warf! Seither pflegte man in Pommern zu sagen: Dat geiht ut as 't Spill to Baon“, wenn man meinte „wie Mord und Totschlag“.

Im übrigen tut man den früheren Bewohnern dieses ansonsten friedlichen Städtchens Unrecht, wenn man nun meint, es seien allzu hitzige und streitsüchtige Leute gewesen. Einen Fehltritt dürfen wir es nennen, der leider in der Zeit des allgemeinen Niedergangs religiöser Sitte vor der Reformation nicht ungewöhnlich war.

Bahn ist übrigens die südlichste Stadt Alt-Pommerns, es liegt in einer weiten sanftwelligen Hochebene und zählte vor dem Kriege 2884 Einwohner; die Polen haben es heute zu einem *Dorf* degradiert. Sicher wird der Leser überrascht sein, in ihm die *älteste pommersche Stadtgründung* vor sich zu haben. Als im Jahre 1234 Herzog Barnim I. dem Templerorden das Land Bahn schenkte, nahm er die Stadt Bahn davon ausdrücklich aus; die Gründung der Stadt war wohl kurz zuvor erfolgt. Bahn hat seine Rolle als Grenzwacht hinfort treulich gewahrt. Von 1234 bis 1945 hat südlich dieses Städtchens die pommersch-brandenburgische Grenze festgelegen.

Ein Teil dieser Grenze führte an einem Weg entlang, der in der Schenkungsurkunde des Bahner Landes an die Templer als „antiqua via que Lotstich dicitur“ erscheint: Ein *alter* Weg also, der *Lotstieg* genannt wird. Ein Leuteweg – eine Heerstraße – verbirgt sich dahinter, und als alt wird er bereits 1234 bezeichnet. Es ist die uralte Völkerstraße, die bei Schwedt die Oder kreuzt, durch das Bahner Hochland nach Pyritz führt und den Plönepaß querend bis Stargard verläuft.

Wir sind damit längst im *Lande Wildenbruch* angekommen, das den südlichen Teil des Greifenhagener Kreises bildet und aus dem alten Land Bahn hervorgegangen ist. 1312 fiel jenes bei der Auflösung des Templerordens an die Johanniter, die sich anfangs in *Rörchen*, später in Wildenbruch eine Komtureiburg erbauten. Der gewaltige Bergfried des Wildenbrucher Schlosses stammt noch aus jener Zeit.

Bahn – Ansicht von Lubinus (1618)

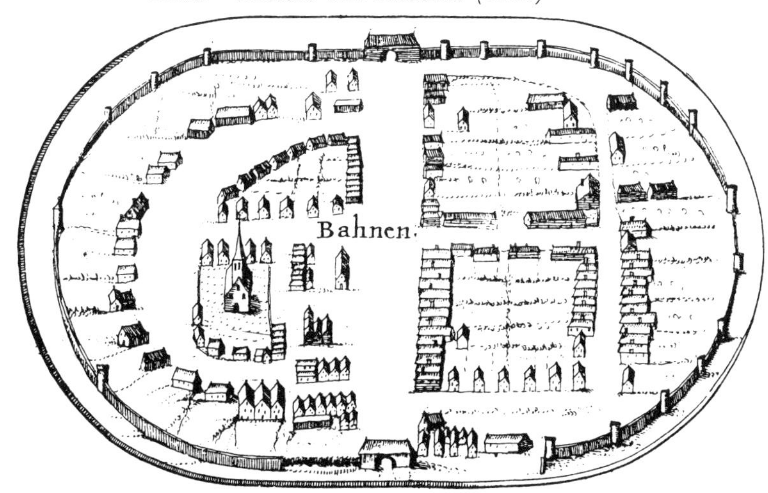

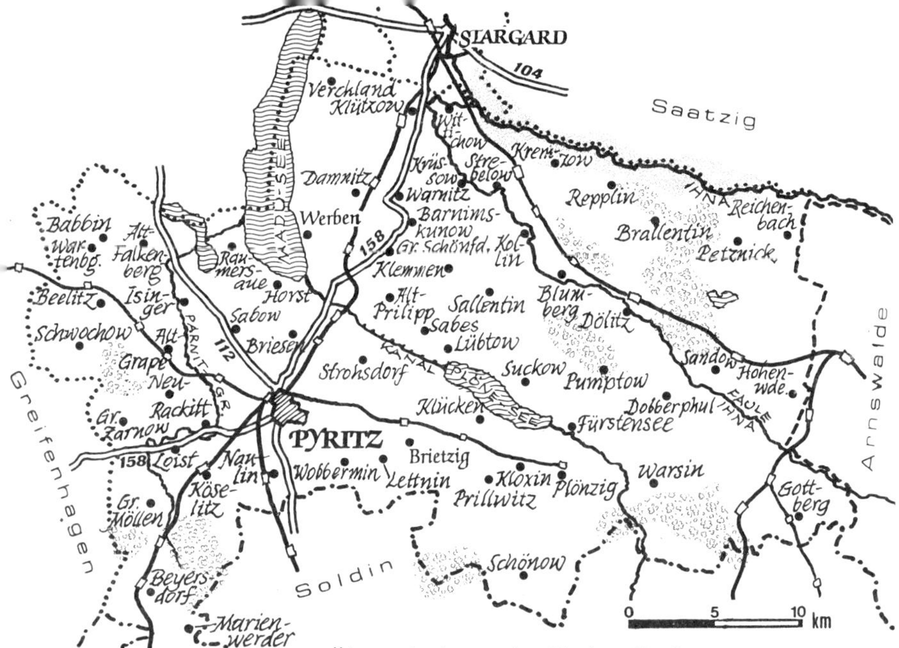

Übersichtskarte des Kreises Pyritz

IM FRUCHTBAREN WEIZACKER DER KREIS PYRITZ

Zu beiden Seiten des *Madüsees* und etwas südlich davon bis zu den blau aufscheinenden Höhen des *Pommerschen Landrückens*, hier die Grenze zur Neumark, erstreckt sich der Kreis Pyritz. Im Nordosten reicht er bis zur Ihna und vor die Tore des neumärkischen Arnswalde, im Westen geht er hinter Wartenberg, Schwochow und Groß Möllen unmerklich in das zum Nachbarkreis Greifenhagen gehörende Bahner Hochland über. Die Talfurche der *Plöneniederung*, deren Fortsetzung die Madü darstellt, teilt das Kreisgebiet in zwei nahezu gleichgroße Hälften.

Wer im Sommer durch das Land fährt, sieht wogende Felder und Fluren, die sich bis zum Horizont erstrecken. Ein schwarzer, fetter Boden – eine Mischung aus *Schwarzerde* und *Ton* – trägt reiche Früchte: Allen voran der *Weizen*, der nirgendwo in Pommern so gut gedeiht wie... nun eben im Pyritzer *Weizacker*. So nannte das Volk diesen gesegneten Landstrich, der Name ist schon 1574 nachweisbar. Ein nacheiszeitlicher Stausee, dessen Wassermengen nicht abfließen konnten und die zugeführten feinen tonigen Sedimente hier absetzten, ist die geologische Ursache für die Fruchtbarkeit, der Fleiß der Menschen und die besonderen geschichtlichen Abläufe haben das Ihre dazu getan.

Mit *Otto von Bamberg* fing alles an. Als der Polenherzog Boleslaw III. 1124 seinen deutschen Hofkaplan in das gerade eroberte Gebiet der noch heidnischen Pomoranen schickte, um diesen den Glauben an Christus zu predigen, begann der aus dem Schwäbischen stammende Bischof sein Bekehrungswerk in unserem Gebiet. Von der alten Feste Zantoch an der Warthe kam er herangezogen. Nachdem er eine breite „terra deserta", eine wüste, unbesiedelte Waldlandschaft – die spätere Neumark – durchquert hatte, stieß er bei dem Orte Pyritz auf die Pomoranen.

Viel Volks traf hier zusammen. Ottos behutsames und geschicktes Vorgehen bewirkte, daß sich viele Pomoranen *taufen* ließen. Sicher wird dabei nicht allein der plötzlich entflammte Glaube für einen neuen Gott, sondern vielmehr die Einsicht in die Notwendigkeit, die Religion des Siegers annehmen zu müssen, eine Rolle gespielt haben, aber – sei's drum! Die Pyritzer nahmen den neuen Glauben an, 7000 sollen es gewesen sein!

Der zur 700jährigen Wiederkehr dieses denkwürdigen Ereignisses von den dankbaren Pyritzern angelegte *Ottobrunnen* erinnert bis heute daran. Im übrigen fand die Taufe bei dem damaligen Burgflecken Pyritz statt, der uns *neben* der später angelegten deutschen Stadtgründung gleichen Namens unter der Bezeichnung *Altstadt* als Dorf erhalten blieb und erst 1934 in die Stadt eingemeindet worden ist.

Damit war die Tür aufgestoßen für die Hinwendung des Pomoranenlandes zum christlichen Abendland. Noch sollte es etwa 50 Jahre dauern, bis der einsame christliche Vorposten in der weiten, dünnbesiedelten Gegend Gesellschaft erhielt. Wir kennen sie schon, die Zisterziensermönche von *Kolbatz*, die ab 1173 zwischen Buchheide und Madüsee ihr Kloster einzurichten begannen. Die pommerschen Herzöge waren ihnen dabei behilflich, indem sie ihnen große Ländereien schenkten, auf denen die arbeitsamen Mönche zahlreiche Dörfer anlegten. Spätere Zuwendungen vergrößerten den Klosterbesitz erheblich, so daß der größere Teil des späteren Pyritzer Kreises im Eigentum des Zisterzienserordens stand. „Unter dem Krummstab ist gut leben", pflegte man in alter Zeit zu sagen. Daran ist viel Wahres. Es ist eine auffallende Tatsache, daß in Pommern die Gebiete des größten bäuerlichen Wohlstandes und der am reichsten entwickelten Volkskultur zugleich auch *klösterlicher* Besitz waren: Das *Mönchgut* auf Rügen gehörte den Zisterziensern zu *Eldena* bei Greifswald, das *Rügenwalder Amt* ging zum Teil aus dem Bezirk des Klosters *Buckow* hervor, die *Abdü* bei Treptow ist nichts anderes als das Abteiland des 1180 gegründeten Prämonstratenserklosters *Belbuck*. Auch unser *Weizacker* gehört als ehemaliges *Kolbatzer* Klosterland hierher. Die mittelalterliche katholische Kirche hatte in ihren langen, guten Zeiten – und man sollte sie nicht immer nur nach der Verfallszeit unmittelbar vor Luther beurteilen – nur ein Interesse daran, den Kirchenzehnten von den Bauern einzuheben und war daher keinesfalls darauf aus, sie wirtschaftlich zu drangsalieren oder gar zu legen, wie es später der Adel tat. Damit hätten wir die Erklärung für das Blühen und Gedeihen des Weizackers, der so recht und vollkommen das Umland der Kreisstadt *Pyritz* darstellt. Der Charakter dieser Stadt und ihr Wohlergehen sind ohne diese innige Beziehung zur Umgebung nicht zu verstehen.

Versetzen wir uns in das Jahr 1900 – lange vor Ausbruch des Ersten Weltkrieges. Wir kommen vom Bahnhof auf die Innenstadt zu, die sich bald durch ihre zahlreichen Türme und Wiekhäuser und die Stadtmauer ankündigt. 46 an der Zahl sollen diese Wehrmauer aus Findlingen einst bekrönt haben! Vor uns ragt plötzlich ein hohes Tor aus Ziegeln auf, mit einer wundersamen achteckigen Haube und vier schräg angelehnten Rundtürmchen versehen. Irgendwie mag es manchem bekannt vorkommen, vor allem wenn er aus der nahen Neumark kommt. In Königsberg/Nm. steht eines, das dem *Stettiner Tor* in Pyritz zum Verwechseln ähnlich sieht: das dortige Schwedter Tor. Obwohl beide Städte seit fast 750 Jahren durch die brandenburgisch-pommersche Grenze getrennt sind, war der kulturelle Austausch über die Landesgrenze hinweg damals sehr rege.

Wir durchschreiten das Tor und schauen in die Stettiner Straße: Ein Idyll tut sich vor uns auf, eine Kleinstadtwelt mit Fachwerkhäusern, efeubewachsenen Mauern und dem vorspringenden Chor der Mauritiuskirche mit dem eigenartig aufgesetzten Türmchen darauf. Das Getrappel von Pferden vor einem Fuhrwerk unterbricht die eigenartige Stille, die Menschen gehen ruhig ihren Geschäften nach, einige Haustiere streunen scheinbar herrenlos herum.

Ottobrunnen in Pyritz

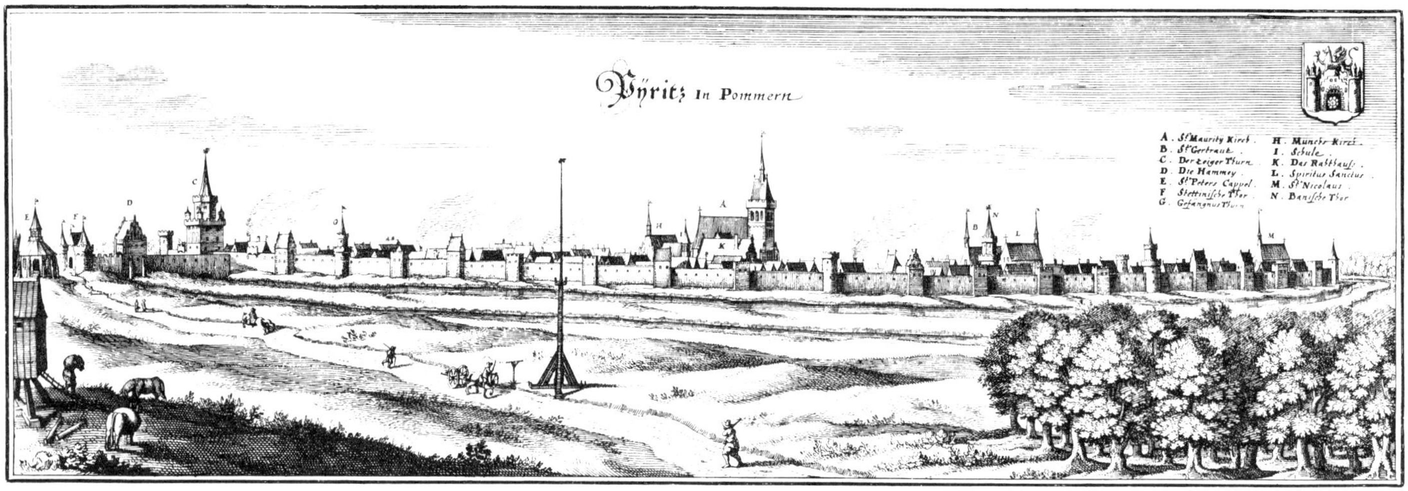

Pyritz – Panorama-Ansicht von Merian (1652)

Wir sind in Rothenburg ob... – nein, Verzeihung, in Pyritz, dem *pommerschen Rothenburg.* Jedes deutsche Land hatte sein „Rothenburg“, jede Landschaft ihre „Schweiz“, selbst wenn es nur eine Maulwurfshügelschweiz war. Pommern leistete sich gleich zwei Rothenburgs, denn die Pyritzer gönnten den Stargardern diesen Ruhm nicht und umgekehrt. So entschied man sich für beide, um keinem weh zu tun.
Mit Recht, Pyritz ist – nein *war* – ein Schmuckstück. Hier war noch etwas vom Mittelalter auf uns gekommen, ein Stück gewachsener Geschichte, ein Hauch Vergangenheit umwehte einen. 1263 hatte Herzog Barnim I. von Pommern unweit der märkischen Grenze den deutschen Siedlern, die hier in der Nähe des wendischen Burgfleckens Pyritz eine neue Stadt gegründet hatten, das magdeburgische Stadtrecht verliehen. Nachdem 1276 der Camminer Bischof das bisher ihm gehörende Land Lippehne an die Markgrafen von Brandenburg verkauft hatte, wird wohl vom Herzog auch noch der Auftrag an die Bürger zur Verteidigung Pommerns an der nur noch 6 km entfernten Landesgrenze hinzugekommen sein.
Eine mächtige Stadtmauer entstand, durchbrochen von zwei Toren, dem schon erwähnten *Stettiner* und dazu dem *Bahner Tor.* Sie umschloß das enge Gewirr von Häusern und Gassen, die sich hier in der für den Osten charakteristischen Gitterform ordneten. Alles überragte die mächtige *St. Mauritiuskirche,* die Hauptpfarrkirche der Stadt, mit ihren zwei ungleichen Türmen. Die vorstehende Ansicht von Merian zeigt uns Pyritz in der Blüte seiner Zeit, die Zeichnung für den 1652 gedruckten Kupferstich wird wohl noch vor den Zerstörungen des Dreißigjährigen Krieges entstanden sein.
Behäbig und beschaulich lebte man in Pyritz, doch nicht verschlafen. Man war königstreu, verstand das Leben zu genießen – in gutbürgerlicher Weise, versteht sich – und gab auch der Kirche das Ihre. Nun, die war seit dem 16. Jahrhundert eine evangelische geworden. Daran hatte Pyritz seinen Anteil. Das noch erhaltene Gebäude des einstigen *Franziskanerklosters* ist die früheste Stätte reformatorischen Wirkens in Pommern: Schon im Jahre 1521 predigte hier der spätere Wolgaster Generalsuperintendent Johannes *Knipstro,* damals noch als Wandermönch, die Lehre Luthers.
Überspringen wir die folgenden Jahrhunderte. 1945 brach

eine Welt zusammen, besonders in Pyritz. Als am 3. Februar sowjetische Truppen die Stadt erreichten, zerschossen sie als erstes das Stettiner Tor. Heftig wurde um diese Stadt gerungen, mehrmals ging die Front über sie hinweg. Als Pyritz am 6. 3. 1945 endgültig „befreit" wurde, gab es nichts mehr zu befreien. Die Innenstadt war nahezu *vollständig zerstört.* Mehrere Brände fanden in den Wochen danach noch Nahrung in den Balken der eingestürzten Fachwerkhäuser. Die deutschen Bewohner hatten ihre zerstörte Heimat verlassen, die wenigen, die noch blieben, mußten bald darauf gehen.

Die Zerstörung war so gründlich, daß die Polen sich genötigt sahen, ihre neue Kreisverwaltung in dem neumärkischen *Lippehne* aufzubauen, das sie kurzerhand dem Kreise Pyritz anschlossen und damit zu seiner Hauptstadt machten. Da es neben der alten Kreisstadt keine weitere städtische Siedlung im Weizacker gab, wurde hier im Sommer 1945 von den Polen die erste der vielen, noch folgenden Gebietsveränderungen in Pommern vorgenommen – sieht man von Stettin ab.

Was seither folgte, ist bedrückend. Zwar wurde die Stadtmauer, die den Krieg recht gut überstanden hatte, wiederhergestellt, nicht aber das Stettiner Tor; das Bahner Tor entbehrt noch immer seinen Aufsatz. Auch die St. Mauritiuskirche hat sich, zumal was ihre Türme angeht, verändert. Das restaurierte Franziskanerkloster beherbergt heute wieder die Stadtbibliothek. Ansonsten macht das Stadtzentrum einen *trostlosen* Eindruck. Große, von Unkraut überwucherte Freiflächen dehnen sich neben einigen wenigen überdimensionierten Wohnblocks aus, ein flacher Supermarkt in primitiver Architektur repräsentiert das Geschäftszentrum. Und doch leben hier über 12 000 polnischer Pyrzycer, man fragt sich nur wo und wie. Einst hatte unser deutsches Pyritz 11 287 Einwohner.

Ganz stimmt es nicht, wenn vorhin gesagt wurde, die Kreisstadt sei die einzige städtische Siedlung im Kreis. Der Flecken *Dölitz* mit seinen 1820 Bewohnern im Jahre 1939 war immerhin auf dem Wege zu einer Stadt, und das Dorf *Werben* am Madüsee ist einmal eine gewesen. Schon 1186 erscheint es unter seinem alten wendischen Namen *Grindiz* in einer Kolbatzer Urkunde. 1220 wird es als Flecken bezeichnet,

Stettiner Tor in Pyritz

1266 taucht erstmals der Name Werben auf, den wohl die Siedler aus der *Altmark* (dort gibt es auch ein Werben) hierher verpflanzt haben. Im Jahre 1300 sehen wir Werben als eine dem Bischof von Cammin gehörende Stadt, die 1321 durch Kauf in den Besitz des Klosters Kolbatz übergeht. 1564 bestätigt Herzog Barnim XI. der Stadt Werben das magdeburgische Recht, das wohl bald darauf aufgegeben worden ist. Auf der 1618 erschienenen Großen Lubinschen Karte ist Werben nur mehr als dörfliche Siedlung verzeichnet. Nur der schachbrettartige Grundriß mit dem kleinen Marktplatz erinnert noch an die städtischen Zeiten dieses Ortes.
Noch im 13. Jahrhundert entstand die eindrucksvolle *Granitquaderkirche* Werbens; sie ist eine der größten ihrer Art im

Die Taufe von Dölitz

Kreise und durch ihre schöne barocke Innenausstattung berühmt. Einiges ist 1945 erhalten geblieben (s. Seite 137). Wollte man einen echten Pyritzer necken, brauchte man früher nur zu sagen: „Dat is Plump von Pyritz!" Etwas Schwerfälliges, Plumpes in den Bewegungen war damit gemeint. Tatsächlich – wer den nach Regen schweren, klebrigen Weizackerboden durchschreitet, der besonders schwer an den Stiefeln klebt, mußte den Eindruck eines Unbeweglichen, Plumpen hinterlassen.
Als der Alte Fritz einmal in Pyritz eine Truppenbesichtigung vornahm, gab ihm die Stadt ein Essen, bei dem der Bürgermeister es sich nicht nehmen ließ, seiner Majestät höchstpersönlich die Speisen zu servieren. Aber vor Erregung verschüttete er etwas und löste beim König die Reaktion aus: „Das ist Plump von Pyritz in anderer Manier!"
Unfreundlich, wie Menschen manchmal sein können, wird dies gelegentlich auch in männlichen Hirnen gedacht worden sein, wenn in früheren Zeiten ein weibliches Wesen in der Pyritzer *Weizackertracht* erschien – zum Beispiel, wenn die Trägerin nicht dem Schönheitsideal des betreffenden Mannes entsprach. Das liegt bestimmt nicht daran, daß diese Tracht nicht schön war – im Gegenteil: die *farbenprächtigste Tracht* Pommerns hatte ihre Eigenarten. Doch folgen wir in ihrer Beschreibung dem alten Geheimrat *Holsten,* dem wohl besten Kenner der Volkskunde des Weizackers:
„Wie eine wandelnde Glocke erscheint sie uns. Von der blauen Haube, die sie auf dem Kopfe trägt, um dem weißen Tüllkragen gleiten die Linien herab über das Umschlagetuch, das die Jope in ihrem oberen Teil verhüllt, zu den Hüften und weiter nach unten über die zahlreichen weit abstehenden Röcke mit ihren vielen feinen Längsfalten; darunter sehen die Beine fast vom Knie an hervor. Viele Röcke trägt sie; denn unter der Jope hat sie den Josip angelegt, ein Mieder, welches unten mit einem Wulst endigt; dieser liegt auf den Hüften und kann die Last der Röcke tragen. So schreitet sie einher, in der Tat wie eine wandelnde Glocke. Aber wenn sie näher kommt,

ändert sich das Bild; es kommt Leben hinein. Sie weiß sich so geschickt in den Hüften zu drehen, weiß so „schwipp“ zu gehen, daß die Röcke hinter ihr her wogen und wallen und der Eindruck des Schwerfälligen schwindet. Und kommt sie noch näher, so staunen wir über die Farbenfreudigkeit, die aus ihrem Bilde spricht. Blau die Haube, weiß der Halskragen von Tüll! Auf ihm liegt in sattem Gelbbraun die Krallenkette, die dicken Bernsteinperlen oder Korallen. Das schwarzseidene Tuch zeigt bunte Stickerei in Seide, Blumenmuster, Rosen, Tulpen, Nelken, Vergißmeinnicht, hauptsächlich in leuchtendem Rot gehalten, daneben andere Farben, Blau, Grün, Gelb. Von der Haube und den Ärmeln der Jope fallen bunte Seidenbänder herab. Der Rock ist rot und mit bunter Kante eingefaßt. Vorn fällt über ihn herab die Schürze, ebenfalls mit bunter Seide in Blumenmustern reich bestickt. Die Strümpfe sind rot, in mannigfachen Farben bunt ‚utneigt‘. Auch die lang herabfallenden Strumpfbänder zeigen bunten Schmuck.“

Blag as de Kurnblaum un rot as de Mahn
Möten unse Mäkes de Kleebröck stahn.

pflegten die Weizackerbauern zu sagen, wenn sie auf die Kleidung ihrer Töchter abzielten. Doch auch die *Herren* der Schöpfung konnten sich sehen lassen. Folgen wir wieder Holsten:

„Auf dem Kopf ein schwarzer Schlapphut mit langen Bändern, um den Hals geschlungen ein schwarzes Halstuch, der lange dunkle Rock rot gefuttert mit Aufschlägen und blanken Knöpfen wie die Weste, lederne Hosen in langen Stiefeln, ein stattlicher Anblick!“

A propos Knöpfe! Sie verdienen ein zusätzliches Wort. Bei den reichsten Bauern sollen sie aus *Silber* gewesen sein, bis zu 65 am Rock! Man hatte schwer zu tragen am Wohlstand.

Machen wir uns nichts vor – die Tracht war vor dem Kriege so gut wie *ausgestorben.* Noch 1910 hatte Holsten 325 Frauen und 8 Männer ermittelt, welche die bis in die Zeit der deutschen Besiedlung im 13. Jahrhundert zurückreichende

Die Weizackertracht

Tracht ständig trugen. Die in den 30er Jahren versuchte *Wiederbelebung* wurde durch die Kriegsereignisse hinfällig gemacht. Freuen wir uns, daß heute wenigstens einige Trachtengruppen der Pommern sie bei uns noch pflegen.

Vergangen sind – wie die plattdeutsche, etwas derb klingende Mundart des Pyritzer Weizackers, die noch zum sogenannten *Märkischen Keil* gehört – auch die merkwürdigen Dorf- oder Bauernreime, von denen ein die Bauern des Dorfes Naulin aufzählender Vers hier zum Schluß folgen soll:

Kots' Gadow an 't Enn',
Schult'n schlachten Henn',
Bur Gadows gahn na Harken,
Grüttmaker finn't Nest mit Farken,
Sommers schlachten 'n Kalw,
Berkner de krigg 't halw,
Beiden Stöhrs haspeln Darm,
Meinert denkt, er ward verarmn‘,
Zinnow kickt dörch 'n Bredertun,
Beher aber süppt sick dun.

TURMGESCHMÜCKT UND MIT MAUERN BEWEHRT STARGARD IN POMMERN

Orte, die in ihrem Namen den Zusatz *-stadt* oder *-burg* tragen, gibt es in Deutschland viele. Von der Gattung *Neustadt* sollen es immerhin 43 sein, nimmt man die Verkleinerungsformen hinzu, kommt man auf insgesamt 52. So oft also hatte man auf dem Gebiet des Deutschen Reiches den originellen Einfall, eine neuangelegte Siedlung „Neustadt" zu benennen – mehr war den Gründern nicht eingefallen. Auch

Ratsapotheke in Stargard i. Pom.

alte Burgen scheint es viele gegeben zu haben: 1937 wurden, die verkürzte Form „Altburg" mitgezählt, 23 Orte dieses Namens geführt. Doch damit nicht genug: In Norddeutschland pflegte man früher niederdeutsch zu sprechen. So kam man auf „Oldenburg", das es in dieser Form damals fünfmal gab und das es immerhin zur Ehre eines Landesnamens gebracht hatte, wobei die Hauptstadt sich sinnigerweise noch heute „Oldenburg in Oldenburg" nennt. Aber was hat das mit *Stargard* zu tun?

Nun, Stargard heißt auch „Altenburg" oder „Oldenburg" – je nach Geschmack; denn dieser Name kommt aus dem Slawischen. Auch die Wenden haben also „alte Burgen" gehabt. Und nicht nur eine, wie man leicht feststellen kann: Mit dem (west-)preußischen Ort gleichen Namens sind es ebenfalls fünf! Macht also zusammen 33 „Altenburgs" im Reiche.

Ein *Allerwelts*-Name also, aber – eine *einmalige* Stadt. Ein „pommersches Rothenburg" haben wir hier vor uns. Das Original-Rothenburg „ob der Tauber" hat ebenfalls einen Allerweltsnamen (elfmal kommt er vor). Daß unser Stargard diesen ehrenden Beinamen innerhalb Pommerns mit Pyritz teilen muß, haben wir bei der Betrachtung des Weizackerlandes schon gehört.

Das muß man schon früh so empfunden haben. So haben „hochgelahrte Professorii", wie der Greifswalder *M. Seccervitius*, es schon 1582 in lateinischen Versen besungen, die – da dieses gedrechselte Kunstlatein bei der heute üblichen „klassischen Bildung" wohl kaum noch enträtselt werden kann – gleich in *Deutsch* wiedergegeben werden sollen:

> „Ferner erhebt sich auch / weit sichtbar im schönen Gefilde / Stargard, das turmgeschmückte, / mit hohen Mauern bewehrt, / seiner Macht sich bewußt / und des Reichtums seiner Bewohner. / Hier erblickest du Bürger, / im Kriege gewandt und erprobet, / eine ergebene Schar den Fürsten, / die mild sie regieren ... / Auch fehlt Frömmigkeit nicht, / und Wissenschaften und Künste / bilden und schmücken den Geist / der lernbegierigen

Jugend. / Sag' ich zu viel, daß Apoll hier thronet, / der Musenbeherrscher? ..."

Doch genug der schönen Worte. Kommen wir zur *Sache:* Wenn man die Bilder auf den Seiten 140–145 betrachtet, sieht man sofort, daß diese Stadt selbst heute noch etwas *Besonderes* darstellt. Das wird auch aus ihrer *Geschichte* ersichtlich. Schon zu den Zeiten Ottos von Bamberg, also im Jahre 1124, gab es ein „Zitarigroda", das 1140 als „castrum" – also als Burg – ausdrücklich bestätigt wird. Es hatte einen wichtigen Übergang des alten Weges über die Ihna zu schützen, der von der unteren Oder bei Stettin kommt, um ins fernere Hinterpommern zu führen. In dieser *Burg* saß ein herzoglicher Kastellan oder Burgvogt, der wiederum einen großen Bezirk, das „Land Stargard" – etwa das Gebiet des späteren Kreises Saatzig – zu verwalten hatte. Interessanterweise wiederholen sich diese Verhältnisse noch einmal im östlichen Mecklenburg: Dort bildet das „Land Stargard" den Hauptbestandteil des einstigen Mecklenburg-Strelitz.

Noch vor 1187 erschienen die *Johanniter* als Besitzer eines Grundstücks in Stargard; auf sie gehen wohl die Bezeichnungen der *Johanniskirche* und des *Johannistores* zurück. Zu jener Zeit werden sich auch auf dem westlichen Ufer der Ihna, der Burg und dem wendischen Burgflecken gegenüber, die ersten deutschen Handwerker und Kaufleute niedergelassen haben. Ihre Ansiedlung erfolgte nach dem schon ausgereiften Schema, damals überall im Osten angewendet: Zuerst wurden die Straßen und damit die regelmäßigen Baublöcke abgesteckt, darauf füllte sich allmählich das Schachbrettmuster mit Häusern. Von vornherein war eine *Stadtmauer* vorgesehen, die in einem Halbkreisbogen die neue Stadt umgab und später auch das Burgviertel umschloß.

Drei *Landtore* (Pyritzer, Wall- und Johannistor) und ein *Wassertor* (Mühlentor) sicherten zusammen mit der mächtigen, aus Findlingen aufgeführten Stadtmauer die Stadt. Bis auf das Johannistor blieben sie bis heute erhalten und zeugen von der Wehrhaftigkeit der Stargarder. Es gab allerhand zu

Stargard i. Pom. – Ansicht von Lubinus (1618)

verteidigen; denn das Gemeinwesen blühte rasch auf und erhielt wahrscheinlich schon 1243 vom pommerschen Herzog Barnim I. das *magdeburgische Stadtrecht* verliehen. Die bis hierher befahrbare Ihna erlaubte es den Stargardern in der Folgezeit, am Seehandel der *Hanse* teilzunehmen, wodurch sie zu einer gefürchteten Konkurrenz der Stettiner wurden. 1292 wechselte man auch zum *lübischen Recht* über.

Noch im 13. Jahrhundert begannen die Bürger mit dem Bau ihrer beiden großen Pfarrkirchen, *St. Johannis* und der Marktkirche *St. Marien.* Diese wurde im wesentlichen bis 1350 als zweitürmige Anlage vollendet, später umgebaut und erweitert. Sie ist zusammen mit der Stettiner St. Jakobikirche das größte Gotteshaus Pommerns und atmet innen eine *Höhe* und *Erhabenheit*, die ihr unter den pommerschen Kirchen schon in alter Zeit den Beinamen „die Hohe" einbrachte. Mit Recht wird sie zu den bedeutendsten Denkmälern gerechnet, die die herbe *norddeutsche Backsteingotik* hervorgebracht hat. Aber auch St. Johannis hat seine Reize: Dieses Gotteshaus wirkt zwar gedrungener, es wird aber durch den 99 m hohen Turm gewissermaßen in die Höhe gezogen.

Wie es sich für eine wohlhabende Stadt gehört, die etwas auf sich hält, erbauten sich die Stargarder auch ein *Rathaus.* Es wurde als Ziegelbau in gotischen Formen aufgeführt, erhielt aber 1638 einen Prachtgiebel, der in hervorragender Weise die Stile der Gotik mit der Spätrenaissance vereint.

Stargard ist durch den Handel mit *Getreide* reich geworden, das in seiner fruchtbaren Umgebung in so hervorragender Weise gedeiht. Als im Dreißigjährigen Krieg durch die großen Verwüstungen dieses ländliche Hinterland verarmte, sank auch der Wohlstand der Stadt. Dennoch fand sich in dieser Zeit des allgemeinen Niederganges, als Kaiserliche und Schweden im Lande ihr Unwesen trieben, ein großherziger Mann zu einer weitblickenden Tat: Der Stargarder Bürgermeister *Peter Gröning* stiftete sein bedeutendes Vermögen zur Anlage einer gelehrten Schule. Sein Todesjahr 1631 wurde somit zum Gründungsjahr des später berühmten *Gröningschen Gymnasiums,* an dem kein Geringerer als der pommersche Landeshistoriker *Martin Wehrmann* von 1921–1926 als Direktor wirkte.

Walltor in Stargard i. Pom.

Das Schlimmste stand der Stadt noch bevor: 1635 *brannte* Stargard fast völlig *ab* und wechselte in der Folgezeit viermal den Besitzer. Kaiserliche und Schweden überboten sich in ihrer Zerstörungswut, nur 1 500 Bewohner überlebten. Und dennoch nahmen diese Menschen alle ihre Kraft zusammen und bauten ihre Stadt wieder auf; als 1661 die Marienkirche wieder eingeweiht wurde, klagte der Propst und Pastor Wilhelm Engelke an St. Marien in seiner Predigt:

„Was für herrliche Gebäude und Häuser in dieser Stadt wahren so mit zernichtet, ist nicht allhie zu beschreiben, der Schade ist nicht zu schätzen, denn was Stargard für eine Stadt zu der Zeit gewesen, werden unsere Nachkömmling kaum glauben, was für herrliche Häuser darinnen vorhanden, wissen die nur alleine, welche es gesehen. Ein Muster derselben sollen unsere Nachkommen in etwas nehmen von noch etlichen zehen oder zwölf Häusern, so nahe am Pyritschen Tor belegen, welche in solchem Brande übrig geblieben und erhalten. Der gnädige Gott wolle selbige Häuser biß ans Ende der Welt erhalten! Ob nun wohl unsere liebe Stadt in solchen äußersten ruin gerathen, dennoch hat man keine mühe noch fleiß bespahret, anzufangen".

Man ist angesichts der Worte versucht, sich der Ereignisse von 1945 zu erinnern. Damals wiederholte sich das Schicksal der fast vollständigen Vernichtung durch Brand und Bomben, nur – das ist der entscheidende *Unterschied:* Den Überlebenden war es diesmal *nicht* vergönnt, ihre Stadt wieder aufzubauen. Die Stargarder, 1939 waren es 39 760 an der Zahl, mußten ihre *Heimat verlassen.*

Vorbei waren die Zeiten eines glücklichen Aufschwungs, der sich unter Preußens Fahne nach 1648 vollzog. 1846 hatte die Stadt als *zweite* in Pommern Eisenbahnanschluß erhalten, 1848 ging es nach Posen und 1859 nach Kolberg/Köslin weiter; das *Reichsbahnausbesserungswerk* wurde zum größ-

Stargard i. Pom. – An der Ihna (links der Salzspeicher)

ten Betrieb der Stadt. Im Jahre 1900, als die 25000-Einwohner-Grenze überschritten war, gliederte man die Stadt aus dem Kreis Saatzig aus, dessen Landratsamt sie aber behielt. Der Zusammenbruch hinterließ 1945 ein Trümmerfeld. Diejenigen, die sich nun zu neuen Herren über Stargard aufschwangen, taten in Bezug auf Wiederaufbau lange erst einmal – *gar nichts.* Die Stadt behielt übrigens als *einzige* östlich von Oder und Neiße ihren Namen, sieht man von dem geographischen Zusatz einmal ab. Erst Mitte der 50er Jahre begann der Wiederaufbau: Nüchterne graue Wohnblocks im noch graueren Einheitsstil erdrücken das wenige Alte, das blieb. Die wiederhergestellten Kirchen wollen so gar nicht dazu passen. Das älteste Bürgerhaus der Stadt aus dem ausgehenden 15. Jahrhundert „tanzt sogar aus der Reihe", weil die neuen Blöcke nicht in der alten Fluchtlinie stehen. Der Geist des alten Stargard wurde mit seinen deutschen Bewohnern 1945 aus der Stadt vertrieben. Übrig blieb eine immer noch ansehnliche, jedoch von häßlichen Flecken durchsetzte Fassade, in der sich seit 40 Jahren mittlerweile 62000 polnische Neu-Stargarder einzurichten versuchen ...

IM LAND DER KLEINEN STÄDTE
DER KREIS SAATZIG

Wenn wir Stargard durch das Walltor verlasen, dauert es nicht lange, und die Chaussee – es ist die alte Reichsstraße 2 – führt uns hinaus in die Weite des Landes. Weiträumig mit sanft schwingenden Wellen dehnt es sich unter dem blauen hohen Himmel aus; die Landstraße läuft wie ein grüner Tunnel hindurch. Wir haben längst die Hauptstraße verlassen und queren beim Bahnhof Trampke die schon 1859 eröffnete Hinterpommersche Hauptbahn von Stettin–Stargard nach Belgard–Stolp–Danzig.
Eigentlich hätten wir auch die Kleinbahn nehmen können; schon ab Stargard, wo sie in einem eigenen Bahnhof beginnt. Gemächlich tuckert sie über die schmalspurigen, auf kleinen Holzschwellen genagelten Gleise; kein Schotter, nur Sand federt die häufigen Schienenstöße ab. Rattat, rattat, rattat – die Zeit ist stehengeblieben: Es könnten noch die Wagen von 1896 sein, als die damaligen „Saatziger Kreisbahnen" den Betrieb ihres immerhin 121 km langen Netzes aufnahmen, dessen Endpunkte Dramburg, Klein Spiegel und Daber waren. Heute fährt davon immer noch die Hälfte, und die Fahrtzeiten sind sogar noch länger geworden – die Dampflokomotiven von einst wurden auch nicht jünger...

Marienfließ – Ansicht von Lubinus (1618)

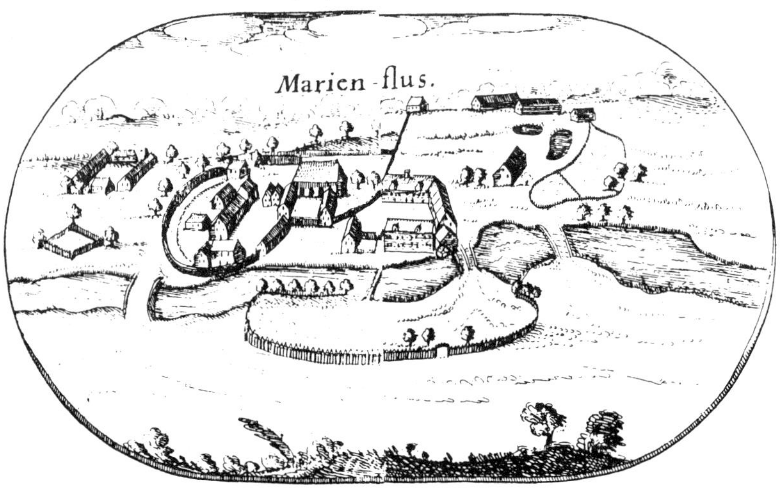

Pommern war einst das Land der *Kleinbahnen.* Als das preußische Kleinbahngesetz von 1891 den Bau schmalspuriger, leichter Kleinbahnen zuließ, nutzte man hier das Gebot der Stunde. Kommunale Körperschaften, zahlreiche Rittergutsbesitzer und größere Industriebetriebe gründeten Aktiengesellschaften zum Bau derartiger Kleinbahnen. Das Auto und erst recht der Lastkraftwagen waren Vehikel, die erst noch erfunden bzw. entwickelt werden mußten. Da der in Pommern zahlreiche Großgrundbesitz am Bau dieser Bahnen lebhaft interessiert war, führten sie in zahlreichen Kurven und Windungen durchs Land, möglichst jedes nähere Rittergut mitnehmend. Die Bedürfnisse des Personenverkehrs waren anfangs gering, dafür reisten um so mehr Rüben und Kartoffeln mit – der Spitzname „Rübenbahnen" blieb nicht aus. Geschwindigkeit war eben noch nicht gefragt, schien noch Hexerei zu sein.
Eine dieser Bahnen führte an dem alten Klosterdorf *Marienfließ* vorbei. Da das Stichwort Hexe gefallen ist, wären wir hier am rechten Orte: Vor 300 Jahren gab es hier eine „richtige" Hexe, sagt man – und eine prominente sogar: *Sidonia von Borcke:* ein adeliges Landfräulein aus dem pommerschen Adelsgeschlecht derer von Borcke, die hier und im benachbarten Kreis Regenwalde sehr begütert waren. In einen der Prinzen des pommerschen Herzogshauses hatte sie sich verguckt und anfangs wohl Erwiderung gefunden, am Ende war sie jedoch abgelehnt worden. Wenn dieser Unglücksrabe nur gewußt hätte, was er da tat!
Sidonia rächte sich bitter. Sie stieß böse Verwünschungen aus und verfluchte das pommersche Herzogshaus: Verdorren sollte es und von dieser Welt verschwinden. Doch der verletzte Stolz dieses adeligen Fräuleins, das nun im Kloster Marienfließ seine Tage verbrachte, rührte am Hofe niemanden. Gab es doch fünf männliche Anwärter auf den Thron; damit schien die Erbfolge für lange Zeit gesichert. Aber das Schicksal meinte es nicht gut mit dem pommerschen Greifengeschlecht. Ein Prinz nach dem anderen starb dahin. Schließ-

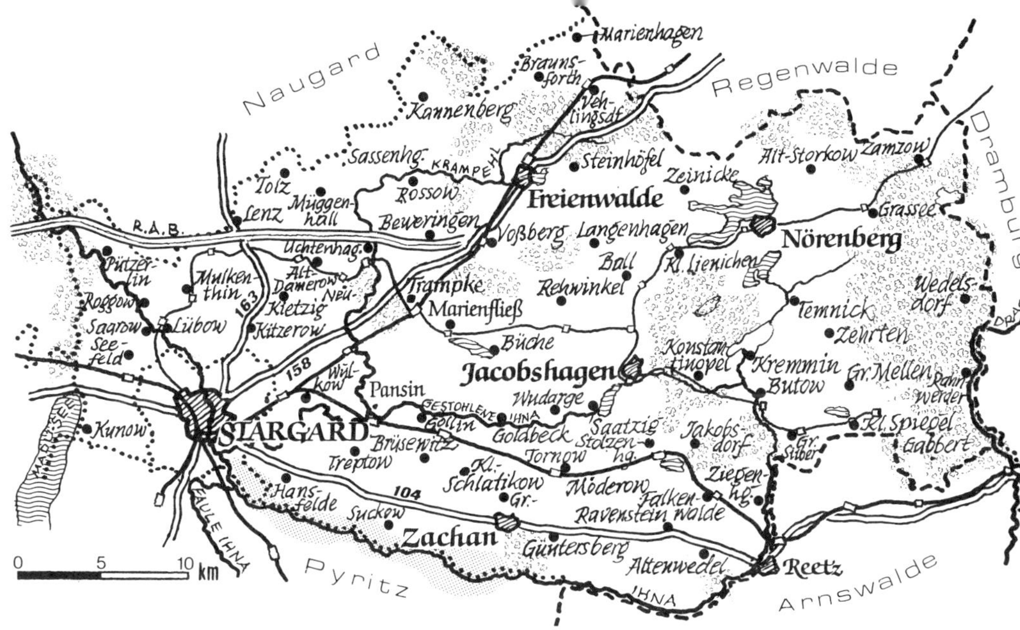

Kreis Saatzig und die Stadt Stargard i. Pom.

lich konnte Bogislav XIV. als letzter seines Stammes sogar 1625 das Herzogtum unter seinem Zepter noch einmal einigen. Ohne männliche Nachkommen regierte er in einer Zeit, in der Schweden und Kaiserliche sich im Lande tummelten, ohne Hoffnung auf die Zukunft. Doch erinnerte man sich der Verwünschungen und Flüche, die sie dem herzoglichen Hause angetan, und zerrte die inzwischen Hochbetagte vor ein hochnotpeinliches Gericht. Das hatte keine Hemmungen, die alte Frau der Folter zu übergeben, die bekanntlich jedes gewünschte Geständnis hervorbringt. Sidonia von Borcke wurde daraufhin zum Tode verurteilt und im Jahre 1620 auf dem Rabenstein bei Stettin hingerichtet. Genützt hat es nichts, wie sollte es auch. In jener Zeit des Aberglaubens und Hexenwahns griff man zu den unmöglichsten Mitteln, um das Schicksal zu beeinflussen. Gleichzeitig wurden Religionskriege geführt: Die katholischen Kaiserlichen und protestantischen Schweden, jeder für den „richtigen" Glauben kämpfend, wüteten völlig unchristlich und derart gründlich in Pommern, so daß am Ende des Dreißigjährigen Krieges volle zwei Drittel seiner Bewohner umgekommen waren. Dazu war noch das große Unglück eingetreten, das die Sidonia in ihrem Zorn herbeibeschworen hatte: 1637 hatte Bogislaw XIV., der letzte seines Stammes, die Augen für immer geschlossen. Der Thron war verwaist, denn der Krieg tobte im Lande und die brandenburgischen Hohenzollern konnten ihr Erbe nicht antreten. Man fand nicht einmal die Zeit, den Sarg des toten Herzogs in einer würdigen Begräbnisfeier der Gruft zu übergeben – achtlos stand er 17 Jahre im Schlosse herum, ein Stück Geschichte, das längst vergessen war. Es liegt etwas Tragisches in der Art, wie sich die pommerschen Fürsten aus dieser Welt verabschiedeten – niemand nahm Notiz davon.

Bis vor einigen Jahren stand hinter der ehrwürdigen Marienfließer Klosterkirche noch die riesige Sidonieneiche, bis der Zahn der Zeit – und die heutigen Herren – auch sie zu Fall brachten. Das Kloster war 1248 von Herzog Barnim I. für Zisterziensernonnen gegründet worden, eine reiche Ausstattung sicherte fortan seinen Bestand. Es war das größte seiner Art im Lande und wurde nach der Reformation in ein adeliges Damenstift umgewandelt, das bis 1945 noch vorhanden war. Die zahlreichen Klosterdörfer, unter denen sich Marienfließ besonders hervortat, waren einst ein unverfälschtes Stück bäuerlichen Lebens in Pommern.

Von den kleinen Städten war in der Überschrift die Rede und, in der Tat: Es gab deren vier im Kreise, zählt man das wieder zum Dorf gewordene Ravenstein dazu, sogar fünf. Daneben waren es Freienwalde am Staritz-See, die „Krebsstadt" Nörenberg am Enzig-See, das Ackerbürgerstädtchen Jacobshagen und schließlich Zachan.

Freienwalde entstand wohl als Dorf in einer Gegend, die noch um 1250 als völlig wüst bezeichnet wird. Die ständigen Kämpfe zwischen Polen und Pommern in den vorangegangenen Zeiten hatten hier jede menschliche Ansiedlung zerstört, zurück blieb eine einzige Waldwildnis. Im Jahre 1338 verliehen die Grundherren jener Gegend, die Herren von Wedel als

Burg Saatzig – Ansicht von Lubinus (1618)

Burgherren Freienwaldes, diesem Ort das brandenburgische Stadtrecht. Die Bürger erbauten sich eine hohe Ringmauer und zwei Tore, das Stargarder oder Hohe Tor und das Mühlentor, die leider nicht erhalten blieben, da sie 1852 auf Abbruch verkauft wurden.

Das Städtchen blieb klein, die Wedels waren die Herren und sorgten manchmal für Aufregung in der geruhsamen Ackerbürgerstadt. So erregten sich 1742 die Gemüter, als die Herren v. Wedel vom Magistrat – und damit auch von den Bürgern – verlangten, daß sie sich ihnen gegenüber als „untertänig" bezeichnen und die Wedels als „gnädige Herrschaft" ansprechen sollten. Das paßte den ehrsamen Bürgern nicht: Wenn schon untertänig, so wollte man es nicht auch noch zugeben müssen – daher kam keine gütliche Einigung zustande. Da drohte der Burgvogt der Stadt mit „militärischer Assistenz". Alles geriet in helle Aufregung – bis ein pfiffiger Kerl darauf hinwies, daß der Burgvogt gar kein Regiment hinter sich habe.

Der Hauch der großen weiten Welt hatte Freienwalde schon im Jahre 1859 gestreift, als es eine Station an der neuen Hinterpommerschen Eisenbahn bekam. Die im Bau befindliche Reichsautobahn Berlin–Stettin–Ostpreußen hatte sich bis 1941 kurz vor die Tore der Stadt herangearbeitet (die Polen haben nach dem Zweiten Weltkrieg wenigstens provisorisch die Auffahrt bei Voßberg fertiggestellt). Das Leben in der Stadt ging trotz dieser Neuerungen geruhsam weiter seinen Gang, was man dem „Freienwalder Anzeiger" entnehmen kann, der alle paar Tage dem staunenden Volke die neuesten Nachrichten verkündete. Blättern wir einmal in den alten, vergilbten Seiten des Jahres 1922:

„Achtung! Derjenige, der mir vom Sonnabend zum Sonntag meinen Sonntagsbraten aus meinem Küchenspind gestohlen hat, ist erkannt worden. Ich ersuche ihn, da er den Braten wohl schon aufgegessen hat, das Geld hinzulegen, da ich sonst Anzeige erstatte. F. Gödeke." – „Die Verlobungskarten Elsa Bruß/Robert Wussow liegen bereits 10 Wochen zum Abholen gegen Barzahlung bereit. E. Köster, Buchhandlung." – „Haben Sie ausgekämmtes Haar? Bringen Sie es mir, ich zahle für das Kilo M. 140,–. Jedes Quantum wird gekauft, auch das kleinste, und wird nach Gramm bezahlt. Emil Giese, Damen- und Herren-Friseur." – „100 Mark Belohnung erhält derjenige, der mir den Täter nachweist, der mir Sonntagabend die Blumen auf der Veranda abgebrochen hat. H. Heyn."

Lassen wir es damit bewenden. Freienwalde hat das Jahr 1945 als Stadt kaum überlebt: Die ganze Innenstadt wurde dem Erdboden gleichgemacht, während die deutschen Bewohner ihre Heimat verlassen mußten. Das heutige „Chociwel" besteht eigentlich nur noch aus der Bahnhofsvorstadt und der Marienkirche, die in der leeren Altstadt verloren dasteht. Anstelle der einst 3406 deutschen Einwohner fristen hier heute 2300 Polen ihr Dasein.

Kennen Sie *Nörenberg*? Nein, nicht die alte Kaiserstadt, die Stadt des deutschen Handwerks und der ersten deutschen Eisenbahn, sondern Nörenberg in Pommern! Nein, nicht? Auch nicht den großen Krebs? Dann ist Ihnen, lieber Leser, etwas entgangen. Der „Große", wie man dort ehrfürchtig von ihm sprach, ist so eine Art Nationalheiliger der Nörenberger. Wer Notgeld sammelt, weiß, daß die Nörenberger Stadtverwaltung vor 1923 unzählige Scheine herausgegeben hat, die alle den großen Krebs zum Thema hatten.

„In Nörenberg, da waren
Viel tausend Krebse vor Jahren,
Die hoben in dem Enzig-See
Vergnügt die Schwänze in die Höh'.
Die Pest hat all' sie weggerafft. –
Der „Große" wurde fortgeschafft.
An einer eisernen Kett' am See
Hebt nun allein er den Schwanz in die Höh'."

Auf vielen Ansichtskarten und den Notgeldscheinen standen dieser und ähnliche Verse und warben für das etwas kauzig wirkende „Image" dieser Stadt, die schön malerisch an dem dreifingerigen Enzig-See liegt, einem großen Gewässer unweit des Pommerschen Landrückens. Zahlreiche eiszeitliche Geschiebe, manchmal zu mächtigen Blockpackungen aufgetürmt wie im Eichfier unweit des Sees, sind in der Umgebung Nörenbergs zu finden.

Doch kehren wir zum Krebs zurück und hören die alte Geschichte: „Der große Krebs im Enzig-See war keine angenehme Nachbarschaft für die Stadt. Unversehens brach er durch die Stadtmauer und belästigte friedliche Bürger, er fraß gelegentlich die Kirchturmspitze oder ein Stück Hausdach, und es ist gar nicht zu sagen, wie häßlich er sich gegen die Fischer benahm, die ihren Anteil am Krebssegen des Enzig-Sees, der früher unerschöpflich war, holen wollten. Nun, die Nörenberger waren tapfere Leute, und als ihr Geduldsfaden riß, legten sie dem Krebs eine starke Eisenkette um eine Schere und machten ihn an einem Eichenpfahl im Pumpkenloch fest. Der Eichenpfahl ist heute noch zu sehen. Der Krebs sann, schwer gekränkt, auf Rache. Eines Tages war er verschwunden und mit ihm sämtliche Krebse ..."

Das Ganze trägt einen gewissen Hauch von Schilda, aber wer mag es ihnen verübeln, den Nörenbergern: Als im vorigen Jahrhundert die Krebspest diese Tiere im Enzig-See aussterben ließ, haben sie die Sache allerdings „gut vermarktet". Nörenberg gehörte bis 1815 *nicht* zu Pommern, sondern mit dem ganzen Ostteil des Kreises Saatzig zur benachbarten brandenburgischen *Neumark*. Die Markgrafen hatten dieses nach Pommern hineinspringende Gebiet kurz vor 1300 den Wolgaster Herzögen abgenommen und hier die Siedlung gegründet, die in jenem Jahre unter dem Namen Nurenbergh als Stadt erstmals bezeugt ist. Auch sie war jahrhundertelang im Besitz des Geschlechts von Wedel und blieb bis 1945 eine Ackerbürgerstadt mit 3012 Einwohnern im Jahre 1939.

Auch *Jacobshagen* war ein kleines Ackerbürgerstädtchen, das 1939 nur 1984 Seelen zählte. Es verdankt seine Entstehung, wie schon die anderen Städte des Kreises, dem Landadel, hier war es wahrscheinlich die Familie v. Güntersberg, die vor 1336 eine Stadt anlegte. Die hier wiedergegebene Ansicht von Lubinus aus dem Jahre 1618 zeigt uns, daß Jacobshagen eigentlich ein Dorf war, das Stadtrechte erhalten hatte – wenngleich es auch zwei Tore aufwies (das Kashagener und das Stolzenhagener Tor). An der breiten, platzartigen Dorfstraße standen die niedrigen Wohnhäuser, dahinter mit Abstand, der Feuersgefahr wegen, lagen die Scheunen. Die Kirche reihte sich auf der Seeseite in die Häuserzeile ein.

So lebten die Jacobshagener die Jahrhunderte hindurch, entrichteten ihre Abgaben an das Schloß zu Saatzig und verteidigten dieses, wenn es notwendig war. Da brach im

Jacobshagen – Ansicht von Lubinus (1618)

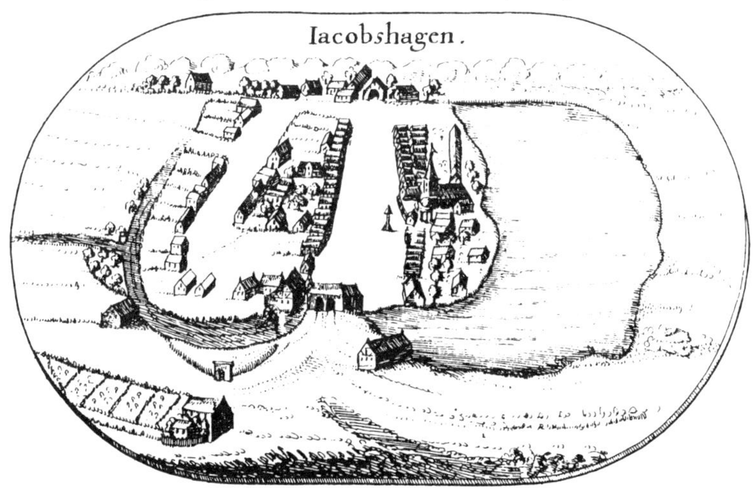

Jahre 1781 über das kleine Städtchen ein großes Unglück herein: Eine Feuersbrunst zerstörte den ganzen Ort, auch die Kirche. Friedrich der Große zeigte sich großherzig und gab ein Gnadengeld aus seiner königlichen Schatulle zum Wiederaufbau; die Jacobshagener ließ er aus dem *Saatziger Schloß* die notwendigen Steine brechen.

Damit war dieser alten Burg, die dem ganzen Kreis einst den Namen gegeben hatte, das Todesurteil gesprochen worden. Übrig blieben nur ein paar Trümmer. Die stolze Herrlichkeit, die schon im Dreißigjährigen Krieg gelitten hatte, sank unwiederbringlich dahin. Durch Lubinus haben wir wenigstens das Aussehen dieses herzoglichen Schlosses überliefert bekommen, das wohl im Mittelalter anstelle eines slawischen Burgwalles entstanden war. Hier wurde damals Gericht gehalten, der Name der Burg ist davon abgeleitet (sad = Gericht). Diese Burg hatte die nahe Grenze zur brandenburgischen Neumark zu schützen, denn hinter Ravenstein-Jacobshagen begann schon der Herrschaftsbereich der Markgrafen.

Zachan – Ansicht von Lubinus (1618)

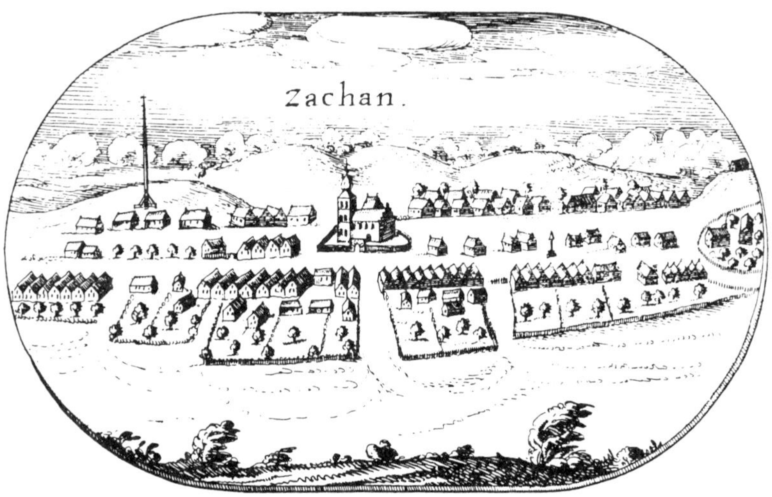

Im südöstlichsten Winkel des Kreises liegt *Altenwedel,* eines der für diese Gegend typischen Doppelangerdörfer. Hier hatten die *Wedels* ihre erste Stammburg, bevor sie in die Neumark zogen und sich an der Drage bei Neuwedell ihr Stammschloß erbauten; aus der Geschichte der Besiedlung dieser Landschaft sind sie nicht wegzudenken.

Das östliche Drittel des Kreises Saatzig jenseits des Landrükkens gehörte, wie schon gesagt, zur Neumark. Es ist eine Gegend mit armen sandigen Böden und viel Wald. 1939 entstand östlich der Straße Reetz–Temnick ein Truppenübungsplatz, den die Polen nach 1945 vergrößerten und in den benachbarten Kreis Dramburg eingliederten.

Doch fahren wir in den Südteil des Saatziger Landes hinein, der Ihna entgegen, deren breites Tal von den Höhen der fruchtbaren Felder einzusehen ist. Immer kleiner werden die Städte: *Ravenstein,* noch im 18. Jahrhundert als Städtchen bezeichnet, war zuletzt nur noch ein Dorf, dessen Kirche 1945 zerschossen wurde. *Zachan* erhielt zwar 1806 anstelle der bisher gültigen Pommerschen Bauernordnung auch formal Stadtrechte – als „Städtichen“ wird es schon 1487 bezeichnet. Es gehörte zu den ersten Besitzungen des *Johanniterordens* in Pommern, der hier 1312 einen Komtur einsetzte. Berühmt war im 18. und 19. Jahrhundert die Leineweberei in Zachan. Das Städtchen hat sich bis heute nicht nur seinen dörflichen Grundriß (Angerdorf), sondern auch sein ländliches Aussehen bewahrt. Mit nur 1302 Einwohnern war es bis 1938 die kleinste Stadt Pommerns.

Das alte Schloß *Pansin* müssen wir noch erwähnen, das auf einer Insel zwischen Krampehl und Gestohlener Ihna liegt. Halb Wohnbau, halb Ruine, entstand es im Mittelalter ebenfalls an der Stelle eines Burgwalles und gehörte lange Zeit den Johannitern, dem Geschlecht v. Borcke und schließlich bis 1945 den v. Puttkamers. Geheimnisvoll waren die hier aufbewahrten sogenannten Glücksringe, die wohl ein v. Borcke von einer Wallfahrt ins Heilige Land mitgebracht hat.

HALB WALD, HALB FELD
DER KREIS NAUGARD

Im Nordosten der pommerschen Hauptstadt Stettin erstreckt sich der Kreis Naugard vom Dammschen See bis fast an die mittlere Rega. *Zwei* Gesichter hat er – eines mit Wald und Wiesen, das andere mit Feldern und flachen Wallbergen. Im Südwesten durchströmt ihn die Ihna auf ihren letzten Kilometern, bevor sie sich bei Gollnow scharf nach Westen wendet und bald darauf in den Dammansch, einen Teil des Oderlaufes, fließt.

Der Südwesten ist ein von den Talsanden der Nacheiszeit geformtes Gebiet, die sich auf dem Grunde des Haffstausees ablagerten. Als dieser See nach dem Zurückweichen der Inlandeismassen nach Norden abfloß, blieben weite Sandfelder zurück, die der Wind zu Binnendünen aufwehte. Nach Westen hin beginnt die Verlandungszone von Dammschem See und unterer Oder, ein weithin sumpfiges, oft von Überschwemmungen heimgesuchtes Gebiet, das erst in den letzten zwei Jahrhunderten entwässert und kultiviert wurde. An seinem Rand entstanden zur Zeit Friedrichs des Großen zahlreiche Kolonistendörfer, die sich wie *Sophiental, Rörchen* und *Christinenberg* oft kilometerlang an einer Straße entlangziehen und ineinander übergehen. Bis auf das alte Fischer- und Kirchdorf *Lübzin* am Dammschen See war dieses Gebiet bis ins 18. Jahrhundert hinein unbesiedelt.

Östlich davon erstreckt sich die *Gollnower Heide* auf dem schon erwähnten Flugsandgebiet zu beiden Seiten der unteren Ihna. Sie geht nach Norden, von Rodungssiedlungen des 18. Jahrhunderts unterbrochen, in die Staatsforsten Stepenitz und Hohenbrück im benachbarten Camminer Kreis über. Vor rund 750 Jahren war dies ebenfalls eine unzugängliche Waldwildnis, die „Gollenog" genannt wurde; sie stand im Süden in direktem Zusammenhang mit den weiten Urwäldern am Madüsee, die die pommerschen Fürsten 1173 dem Kloster Kolbatz geschenkt hatten. Weite Moore, wie das erst

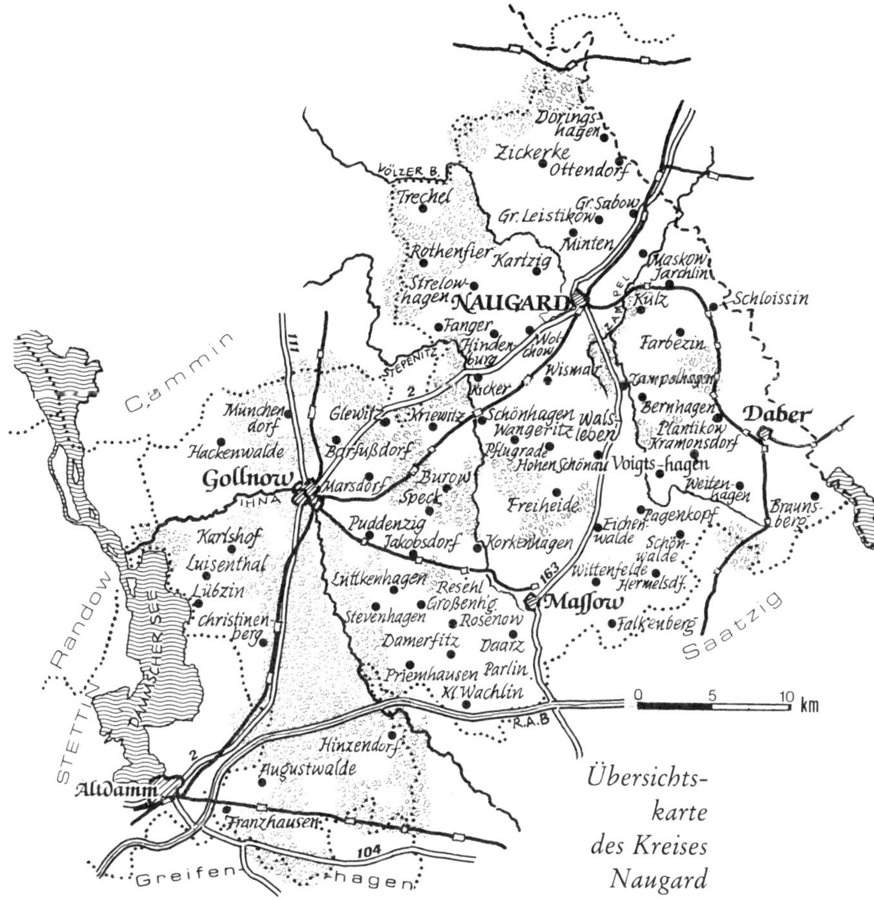

Übersichtskarte des Kreises Naugard

um 1770 entwässerte Große Gelüch, durchsetzen diese Waldzone, die erst seit 150 Jahren durch Aufforstung mit Kiefern zu einem planmäßig bewirtschafteten Forstrevier gemacht worden ist. Hier in dieser weiten Waldwildnis, wo vermutlich an einem alten Übergang über die Ihna ein wendisches Fischerdorf lag, siedelten sich nach 1260 deutsche Kaufleute und Handwerker an und baten den pommerschen Herzog Barnim I. um die Verleihung der Stadtrechte. Diese wurden in einer am 1. Juli 1268 zu (Alt-)Damm ausgestellten Urkunde niedergelegt und den Abgesandten der neuen Stadt ausgehändigt. Darin bestimmte der Herzog, daß der „neuen Stadt *Gollenog*, die jetzt *Vredeheide* genannt wird", 120 Hufen guten Ackers jenseits des Ihnaflusses sowie alles Land bis zum „frischen Meere" mit dem Unterlauf dieses Flusses zugewiesen wird.

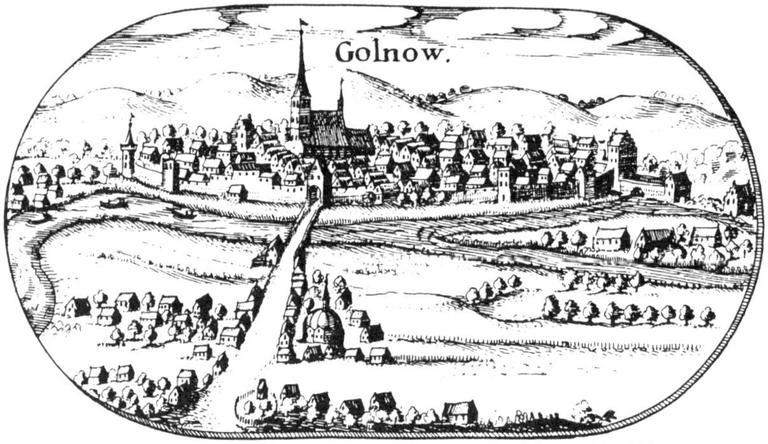

Gollnow – Ansicht von Lubinus (1618)

Dieser große Grundbesitz brachte dem jungen Gemeinwesen jedoch in der Folgezeit oft Schwierigkeiten mit den beiden mächtigen Nachbarn Stettin und Stargard ein. In der älteren Stadt an der Ihna war man wenig glücklich über die Konkurrentin am Unterlauf. Trotzdem haben die Gollnower die Gunst der Lage zu nutzen verstanden und wurden ein geachtetes Mitglied der *Hanse.* Die mächtige Stadtmauer mit dem hohen Wolliner Tor, dem höchsten Hinterpommerns, und die Katharinenkirche zeugen noch heute davon. 1939 zählte die Stadt 13740 Einwohner.

Nicht nur in geographischer Hinsicht weist der Osten des Kreises Naugard einen anderen Charakter auf als die Umgebung Gollnows, sondern auch in historischer: Abgesehen von dem äußersten Ostzipfel des Kreises, dem Lande Daber, haben wir es hier mit der früheren Grafschaft Eberstein zu tun. Sie bestand von 1274 bis 1663 als selbständige Grafschaft in Pommern. Wie kam es dazu?

Im Jahre 1251 übernahm der aus thüringischem Geschlecht stammende Graf *Hermann v. Gleichen* den Camminer Bischofsstuhl. Mit ihm kam sein Verwandter ins Land, Graf *Otto von Eberstein* aus niedersächsischem Geschlecht, das seinen Stammsitz an der unteren Weser hatte. Die Ebersteins fühlten sich anfangs als *Thüringer,* was u. a. an der Anlage des thüringischen Wirtschaftshofes in der Grafschaft Naugard deutlich sichtbar wird. Otto von Eberstein war der Neffe des Camminer Bischofs, der ihn zu sich nahm und ihm das Stiftslehen *Naugard* übertrug, weil sein Vater angeblich wegen einer Fehde mit dem Herzog von Braunschweig-Lüneburg aus seiner Heimat hatte weichen müssen. So ist dieser Graf Otto von Eberstein Begründer des einzigen *alten* Grafengeschlechtes deutscher Herkunft in Pommern geworden. Sein Bruder Bernhard war ebenfalls ins Land gekommen und hatte sich dem geistlichen Stande gewidmet: Zuerst war er Domherr in Cammin, dann Ordenskomtur der Templer in Rörchen im Lande Bahn und schließlich Praeceptor dieses Ordens in Polen, Pommern und in der Neumark.

Im Jahre 1274 verlieh nun Bischof Hermann von Gleichen seinem Neffen, dem Grafen Otto von Eberstein, Burg und „Stettlein Novgard" mit 700 Hufen und allem Zubehör als Lehen des Camminer Stifts „zu freiem, friedlichem und

Rathaus und Kirche in Gollnow

An der Kirche zu Naugard

dauerndem Besitz". 1309 verlieh derselbe Graf dem bisherigen Flecken Naugard das lübische Stadtrecht.
Damit war Naugard zum Mittelpunkt der *Grafschaft Naugard* oder *Eberstein,* wie sie meist genannt wurde, geworden – also zu einer kleinen Residenz. Seine Rolle als spätere Kreisstadt war damit vorgezeichnet, nicht jedoch die Aufgabe, die das Naugarder Schloß zugeteilt bekam: 1818 wurde auch hier, wie im nahen Gollnow, ein Gefängnis in dem stark veränderten Bau eingerichtet. So wurde der Kreis Naugard zu einem Gebiet, in dem Leute unfreiwillig auf Staatskosten ihren Wohnsitz nahmen, und das gleich an zwei Orten!
Daber ist eine uralte Siedlungsstätte, man könnte es als „Stadt der drei Burgen" bezeichnen. Da ist zum einen das heute noch stehende Schloß am Nordrand der Stadt, dann die Ruine der mittelalterlichen Burganlage und schließlich die vorgeschichtliche Befestigungsanlage und Siedlung am Daber-See. Diese, ein annähernd quadratischer Hügel, liegt auf einer langen, schmalen Landzunge, die weit in den einstigen

Dewitzsche Schloßruine in Daber

Daber-See hineinragte. Als man den See um 1865 abließ, tauchten Reste einer Pfahlbausiedlung auf, die sich südlich an den Burgwall anschloß. Die Spitze der Halbinsel war durch eine Pfahlbrücke mit dem gegenüberliegenden Ufer verbunden. Die erbeuteten Funde sind vorwiegend der mittelslawischen Zeit zuzurechnen. Wir haben es hier sicher mit dem wendischen Daber zu tun, das bis ins 13. Jahrhundert Mittelpunkt einer Landschaft war, die als „Land Daber" urkundlich seit 1257 bezeugt ist.

Im Jahre 1295 erscheint urkundlich zuerst die Burg Daber, nicht mehr der alte Burgwall, sondern eine neue Anlage, die damals an Stelle der heutigen Ruine bei der Stadt entstanden war. Sie wurde von eingewanderten deutschen Rittern wohl um 1270 erbaut und kam in der Mitte des 14. Jahrhunderts an die Herren *v. Dewitz.* Der wohl bedeutendste Vertreter dieses Geschlechts, der pommersche Kanzler *Jobst v. Dewitz,* ließ sich hier ein „neues Haus" im Renaissancestil erbauen, in das Teile der älteren Burganlage einbezogen wurden. Es wurde im Dreißigjährigen Krieg zerstört. Das zuletzt vorhandene Gutsschloß entstand im 19. und 20. Jahrhundert und gehörte zuletzt *Heinrich v. Diest,* dessen Familie seit langer Zeit auf Daber saß. Der zugehörige Gutsbetrieb wurde um 1850 nach Osten verlegt und als Vorwerk *Daber Freiheit* aufgebaut, das erst 1934 in die Stadt eingemeindet wurde, die damit 2528 Seelen zählte.

Daber gehört zu den wenigen Städten Pommerns, die 1945 das Kriegsende ohne nennenswerte Schäden überstanden haben. Viele Fachwerkhäuser sind daher noch zu sehen, darunter das aus dem vorigen Jahrhundert auf dem Markt errichtete Rathaus. Holz gab es früher viel im Lande; als Baumaterial wurde es in alter Zeit oft verwendet, besonders in Daber. Die Nachbarn nannten es demzufolge „hültern Daber" – das *hölzerne Daber.* Das soll so gekommen sein:

Vor langer Zeit kamen eines Tages zwei wandernde Handwerksburschen in das stille Ackerbürgerstädtchen. Müde und hungrig von dem langen Tag, den sie hinter sich gebracht hatten, traten sie in einen Bäckerladen, grüßten das ehrsame Handwerk und baten nach der Sitte ihrer Zunft um eine Gabe der Erfrischung. Doch Frau Meisterin wies sie mit dem Bemerken ab, es sei alles verkauft. Einer der beiden Gesellen sah im Ladenfenster knusprige Semmeln liegen und wies auf sie. Da war er an die Rechte gekommen: Ärgerlich erwiderte ihm die Meisterin: „Ach, dat sinn so hülterne!" Unser Handwerksbursch erkannte den Geiz und war auch nicht auf den Mund gefallen: „So, dat sinn hülterne? Na, ick glöw, Sei sülwst un dat ganze Nest hier ist hültern." Seitdem sprach man von „hültern Daber". Wer die Daberschen gekannt hat, wird wohl eher an den Holzreichtum glauben.

„Massow, dat was so, is un bliwt so", pflegten die Massower stolz über sich und ihr Städtchen zu sagen, das mit seinen 3828 Einwohnern (1939) ein verhältnismäßig langsames Wachstum hinter sich gebracht und sich nur unwesentlich über die Stadtmauer hinaus ausgedehnt hatte. Es ist das Musterbeispiel in sich ruhenden, über Jahrhunderte Bestän-

digkeit und Beharrlichkeit ausstrahlenden Ackerbürgertums, das so leicht durch nichts zu erschüttern war – und, wenn auch untereinander gelegentlich uneins, nach außen fest zusammenhielt, wie Pech und Schwefel. Wer die Massower kennt und sie noch heute fern ihrer Heimat erlebt, weiß davon ein Lied zu singen.

Einst gab es auf dem nahen Schloßberg eine Burg, Stammsitz des pommerschen Uradelsgeschlechts derer *v. Massow.* Als der Camminer Bischof 1278 das Land Massow erhielt, gab diese Familie ihre Burg auf und verließ die Gegend, um sich in anderen Teilen Pommerns niederzulassen. Die von deutschen Siedlern angelegte neue Stadt übernahm ihren Namen und erhielt 1278 magdeburgisches Recht. Sie ist eine der *regelmäßigsten* pommerschen Stadtanlagen: Eine nahezu kreisrunde Stadtmauer umgibt bis heute neun quadratische Baublöcke, deren mittlerer den Marktplatz bildet; auf ihm stehen Rathaus und Kirche.

Eines Mannes müssen wir gedenken, dessen Leben untrennbar mit dem Kreis Naugard verbunden ist: Fürst *Otto v.*

Bismarck-Denkmal auf dem Markt zu Naugard

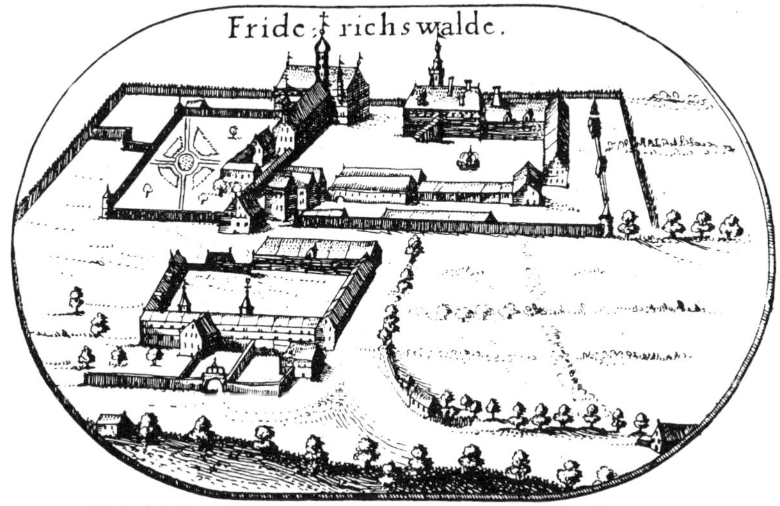

Friedrichswalde – Ansicht von Lubinus (1618)

Bismarck. Obzwar 1815 in Schönhausen in der Altmark auf dem Stammgut der Familie geboren, wuchs er auf den pommerschen Besitzungen seiner Eltern, Kniephof mit Külz und Jarchlin, auf. 1839 teilte er sich mit seinem Bruder Bernhard, der 1840 Landrat in Naugard wurde, in den Besitz der Güter und übernahm die Bewirtschaftung von Kniephof (später auch von Schönhausen). Hier hatte er die pommerschen Menschen kennengelernt, wie sie wirklich waren, und war in dem pietistischen Blankenburg-Thaddenschen Kreis geprägt worden, aus dem heraus er sein christliches Weltbild bis an sein Lebensende behalten sollte. Folgen wir den würdigenden Worten, die sein Großneffe Herbert v. Bismarck, der spätere erste Sprecher der Pommerschen Landsmannschaft, 1936 über seinen großen Vorfahren schrieb: „Wenn Bismarck später mit Recht für sich in Anspruch nehmen konnte, daß er die Leiden und Freuden des ‚kleinen Mannes‘ kennengelernt habe, wenn ‚das deutsche Volk‘ für ihn nicht wie für manchen liberalen Politiker ein abstrakter und konstruierter Begriff war, sondern ein Erlebnis, so verdankt er das der Zeit in Kniephof, wo er als Besitzer den Arbeitern mit der gleichen selbstverständlichen Freiheit und Offenheit gegenübergetreten war wie einst als Kind. Soziale Verpflichtungen hinüber und herüber waren ihm Erlebnis und Unterlage jedes staatlichen Lebens geworden, so daß er geborener Gegner des Marxismus und seines Gedankengebäudes von Klassenkampf und Klassenhaß sein mußte.“

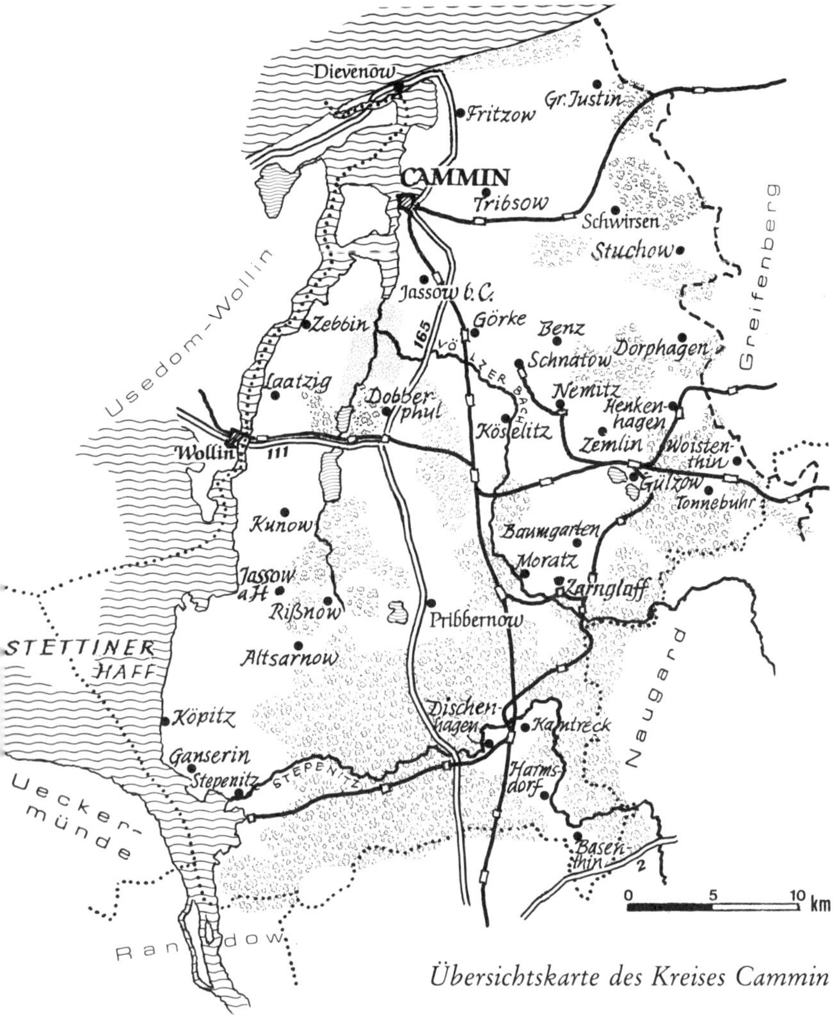

Übersichtskarte des Kreises Cammin

RUND UM DEN DOM
DER KREIS CAMMIN

Östlich von Dievenow, Stettiner Haff und Papenwasser erstreckt sich der Kreis Cammin. Er reicht im Süden bei Basenthin noch ein Stück in das Naugarder Land hinein, im Osten stößt er zwischen Woistenthin und Poberow an den seit 1938 zum Regierungsbezirk Köslin gehörenden Kreis Greifenberg und berührt im Norden zwischen Ost-Dievenow und Poberow die Ostsee. Es ist ein Gebiet, das erst 1818 verwaltungsmäßig zusammengefaßt wurde; vorher teilten sich der Adel (vor allem die Flemmings und die Köllers) das Camminer Domkapitel und der Nachbarkreis Greifenberg in das Land.

Die einst wichtigste Macht im Lande, der *Bischof von Cammin,* hatte seit dem 15. Jahrhundert kaum noch Besitzungen in diesem Raum – eine erstaunliche Tatsache, wenn man bedenkt, daß die Stadt Cammin Bischofssitz war und nominell bis zur Einführung der Reformation auch blieb. Bereits im Jahre 1175 hatte Konrad, der zweite Bischof Pommerns, seinen Sitz aus dem häufig von den Dänen angegriffenen Wollin nach Cammin verlegt, das damals zeitweilig auch Residenz der pommerschen Herzöge war.

Schon den Wikingern war dieser Ort bekannt: Sie nannten ihn in ihren Sagen *Steinburg,* nach dem nahen Großstein, der hart am Rande der Insel Gristow im Wasser liegt und wohl eine bedeutende vorgeschichtliche Kultstätte war. Übrigens taten dies auch die Pomoranen: Cammin ist vom Wort „kamien" abgeleitet, was so viel wie Stein bedeutet. Auch für Stettin und Wollin hatten die Nordländer eigene Bezeichnungen: *Burstaburg* und *Jomsburg.*

Noch im Jahre 1176 begann der Bischof mit dem Bau einer *Kathedrale,* anfangs mit behauenen Granitquadern, später mit Ziegeln. Grundriß, Chor und vor allem die Wand des nördlichen Querschiffes atmen romanisches Formgefühl. Diese Wand ist das älteste noch aufrecht stehende Mauerwerk in Pommern. Das ganze Mittelalter über wurde am Dom weitergebaut und dieser schließlich im 15. Jahrhundert vollendet. Die herrlichen spätgotischen Ziergiebel an der Südwand gehören zum Schönsten, was gotische Architektur in Pommern hervorgebracht hat.

Schwer tat man sich mit dem *Turm.* Von einem mittelalterlichen Turm, wie er bei Lubinus erscheint, war nicht viel übriggeblieben; den niedrigen Stumpf bedeckte ein flaches Notdach. Nach einem Entwurf Sollers erbaute man in den Jahren 1848–1850 einen neugotischen Turm, der allerdings keineswegs befriedigte, war er doch in seinen Proportionen in Grundfläche und Höhe um etwa die Hälfte zu klein. Was anderenorts die Romantik fertigbrachte – das Wollen des Mittelalters zu vollenden; hier mißlang es. 1934/1935 hat man diesen zu kurz geratenen Turm umgebaut und ihm eine breitere, westwerkähnliche Form mit niedrigem Satteldach gegeben, die dem gedrungenen romanischen Grundcharakter des Domes besser entspricht.

So ist denn der Camminer Dom nicht nur das Wahrzeichen der Stadt und seiner Landschaft, in der er seit mehr als 800 Jahren steht, sondern das *bedeutendste* Bauwerk der pommerschen Kirchengeschichte. 32 Bischöfe haben in der katholischen Zeit darin gewirkt, zwei evangelische sollten noch folgen, bis ab 1556 die Stelle des Camminer Bischofs nominell von Angehörigen des pommerschen Herzogshauses wahrgenommen wurde; denn damit war die Würde eines Landesherrn im Camminer Stiftsland, dem Gebiet von Kolberg, Köslin und Bublitz, verbunden. 1654 überließ sie Ernst Bogislav von Croy dem Großen Kurfürsten.

Über dem Dom wird die *Stadt* Cammin gern vergessen. Dabei bot sie dem interessierten Besucher so manche Reize. Aus alter Zeit stammen das mächtige Bau- oder Wolliner Tor und die Marienkirche, die frühere Pfarrkirche der Innenstadt, die bis 1945 mit der Domgemeinde verbunden war und jetzt nicht mehr gottesdienstlich genutzt wird. Besonders anziehend war die kleine, dem hl. Nikolaus geweihte Bergkirche, eine Landkirche, zu der die umliegenden Dörfer eingepfarrt waren. Sogar aus dem Geläut der Glocken glaubte man das heraushören zu können:

„Bünnewitz, Gristow, Polchow, Grabow und Soltin,
de fief Dörper, de sünd min!“

Das spätgotische, früher verputzte und heute bestens restaurierte Rathaus auf dem Marktplatz gehört dem 15. Jahrhundert an, als Cammin noch eine Hansestadt war. Es bildete den Mittelpunkt der *deutschen Stadtgründung*, die in der zweiten Hälfte des 13. Jahrhunderts westlich des wendischen Burgfleckens, in dem der Dom stand, errichtet wurde. Diese im Stadtplan klar heraustretende regelmäßige Anlage blieb bis zu ihrer völligen Zerstörung 1945 das Herz der Stadt. Sie erhielt 1274 von Herzog Barnim I. lübisches Stadtrecht verliehen. In das östlich an die Altstadt sich anschließende einstige *Wendenviertel*, die Wiek, teilten sich fortan drei Besitzer: Der Stadt Cammin gehörte die sogenannte Ratswiek, dem Domkapitel unterstand die Kapitelswiek, und der Herzog besaß die Amtswiek. Die Gebäude des Domkapitels gruppierten sich um den Dom; hier lag auch die einstige herzogliche Residenz, an deren Stelle später der bischöfliche Palast entstand. Wenn wir den Stadtplan weiter studieren, sehen wir im Südwesten die Vorstadt, die sich vor dem Wolliner oder Bautor um das Hospital von St. Gertrud gebildet hatte. Alles wurde in den Jahren 1640–1643 von den Schweden im Süden mit den sogenannten *Zingeln* umgürtet, Bastionen – von

Die städtebauliche Entwicklung von Cammin

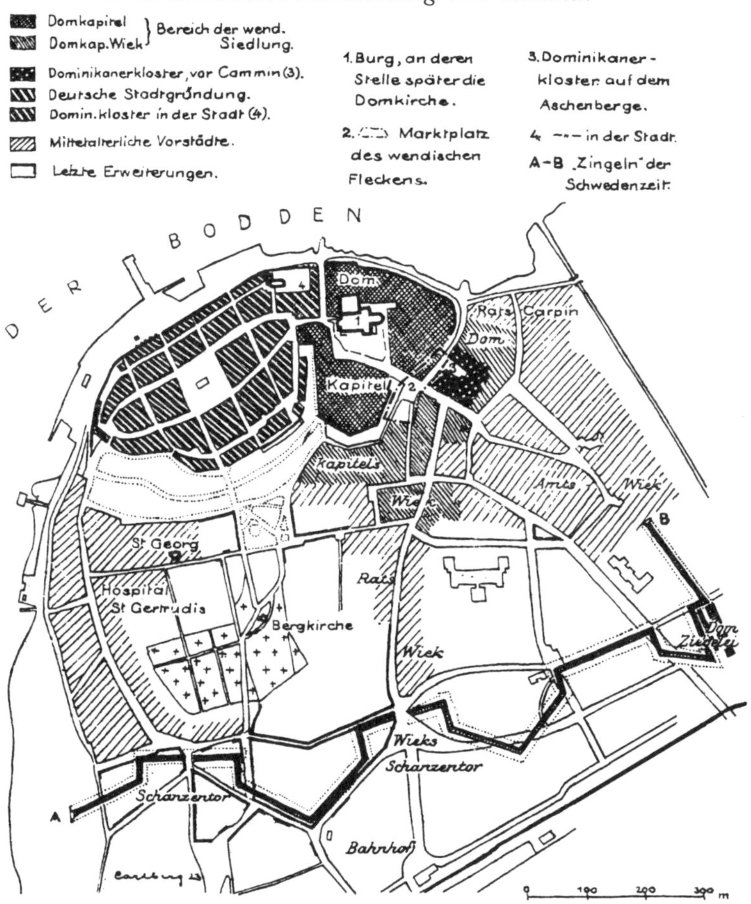

denen bis heute nur noch die Scheibenschanze geblieben ist, alles übrige wurde 1794 eingeebnet.
Das Jahr 1945 war auch für Cammin das schrecklichste seiner Geschichte: Die Innenstadt wurde fast völlig vernichtet, der Dom erlitt glücklicherweise nur geringe Schäden. Die deutsche Bevölkerung – 1939 zählte die Stadt 6055 Einwohner – mußte ihre angestammte Heimat verlassen und den anfangs

Rathaus in Cammin

nur sehr spärlich zuziehenden Polen Platz machen. Der Wiederaufbau kam erst Ende der 60er Jahre richtig in Gang und geschah in nüchtern-eintöniger Form. Die nördliche Hälfte der Altstadt vom Marktplatz bis zum Bodden wurde nicht wieder bebaut.
Von Cammin ist es nicht weit bis zur Ostsee, wo sich schon im vorigen Jahrhundert die ersten Badelustigen einstellten. *Berg-* und *Ostdievenow,* seit 1937 zu einer Gemeinde zusammengeschlossen, behaupteten den ersten Platz; mit ihrer Lage auf der schmalen Landzunge zwischen Dievenow und Ostsee konnte kaum ein anderes Ostseebad konkurrieren. In der Zeit nach dem Ersten Weltkrieg entstanden weitere Badeorte durch Anlage von Wochenendferienhäusern in *Walddievenow* und *Poberow,* auch Stepenitz machte als Haffbad zunehmend von sich reden.
Stepenitz: ein Fall für sich. Sehr eigenwillige Menschen lebten hier, so richtige pommersche „Dickköppe". Da sie sich nicht einig werden konnten, hatten sich die Stepenitzer gleich vervierfacht: Bis um 1900 gab es hier ein außerordentliches kommunales Durcheinander, denn wer konnte schon genau zwischen dem Flecken Groß Stepenitz mit Stadtrechten, dem Dorf Groß Stepenitz, dem Flecken Klein Stepenitz und dem Dorf Klein Stepenitz unterscheiden? So sehr das Gemeindestatut von 1864 dem Flecken Groß Stepenitz formal die Rechte einer Stadt zubilligte – d. h. er durfte sich wie eine Stadt selbst verwalten –, so wenig war er eine. Alle vier Orte zusammen bildeten eine halb ländliche, halb städtische Gemeinde, die 1936 zusammengeschlossen wurde und als Fischer-, Handwerker- und Marktort eine gewisse Mittelpunktfunktion in dem stadtarmen Süden des Kreises Cammin erfüllte.
Einen Aufschwung erlebte der schon 1278 genannte Ort in der Regierungszeit Friedrichs des Großen: Damals wurden in der sumpfigen und waldreichen Umgebung von Stepenitz zahlreiche neue Siedlungen angelegt, nachdem die nasse Haffvorlandzone durch Meliorationen für die Landwirt-

schaft brauchbar gemacht worden war. 1740/1741 entstanden die „Holländereien" *Schminz* und *Sandhof*, 1746 *Amalienhof* und *Schmelzenforth*, 1777 *Neusarnow* – ferner *Gnageland*, *Schützendorf*, *Flacke* und zahlreiche weitere Siedlungen in den Nachbarkreisen, wie wir schon sahen. Sie zeichneten sich alle durch ihre planmäßige Anlage aus. Mit ihren aus Fachwerk erbauten Kolonistenhäusern, die geradezu einen friderizianischen Typ verkörpern, unterschieden sie sich deutlich von den alten Bauerndörfern.

Als um 1903 die Greifenberger Kleinbahn von Gülzow über Kantreck nach Stepenitz verlängert wurde, bekam der verträumte Ort den Charakter eines Umschlagplatzes für die Produkte der Zarnglaffer Kalkwerke. Diese Fabrik nutzte ein bis an die Oberfläche aufragendes Jurakalkvorkommen bei dem Dorfe *Zarnglaff*, um daraus Düngemittel und Zement herzustellen. Schließlich brachte der Ausflugsverkehr per Schiff zahlreiche Stettiner im Sommer nach Stepenitz, so daß sich sogar die Aufspülung eines Strandes lohnte.

Wie in vielen pommerschen Kreisen, fallen auch im Camminer Land die vielen alten *Dorfkirchen* auf, die in ihrer einfachen Form die Natur des Landes widerspiegeln: Findlinge, Ziegel und Holz sind die Baumaterialien – schlicht und ohne Schnörkel sind sie wie die Menschen, denen sie zur Andacht dienen. Oft verbirgt sich hinter einer rauh wirkenden Schale ein überraschend reichhaltiges Inneres, das eine gewisse Wärme und Gemütlichkeit ausstrahlt: Als Beispiele hierfür mögen die Kirchen von *Jassow* bei Cammin, *Pribbernow* und *Schwirsen* stehen, die im Farbteil dieses Buches abgebildet sind (S. 155–157).

Ihnen ähneln die zahlreichen Herrenhäuser, die zumeist den Charakter von Landsitzen hatten und nur selten einem Schloß glichen; für diese Bauart mögen das Gutshaus in *Basenthin* und das zu *Stuchow* stehen. Oft waren sie wie die Bauernhäuser ringsum aus Fachwerk errichtet, so die alten Gutshäuser in *Parlow* und *Basenthin* und vor allem in *Schwirsen*. Dieses war eine barocke, symmetrisch angeordnete Anlage, die kurz vor 1700 vom damaligen Besitzer Georg Caspar v. Flemming erbaut wurde. Zwei Taubenhäuser und die Wirtschaftsgebäude, ebenfalls aus Fachwerk, umschließen einen kleinen Hof und trennen ihn vom Park. Der letzte deutsche Besitzer v. Rüxleben ließ das Gebäude noch 1937 renovieren.

Bautor in Cammin

Nach 1945 verfiel dieses wertvolle Beispiel ländlicher Gutshausarchitektur. Erst in der Mitte der 70er Jahre begannen die Polen mit Sicherungsarbeiten. Nachdem feststand, daß hier ein „Motel" eingerichtet werden soll, begann die Rekonstruktion: Das Innere wird weitgehend modern gestaltet, die äußere Form bleibt erhalten. Derzeit sind die Bauarbeiten noch im Gange, schon viel zu lange.

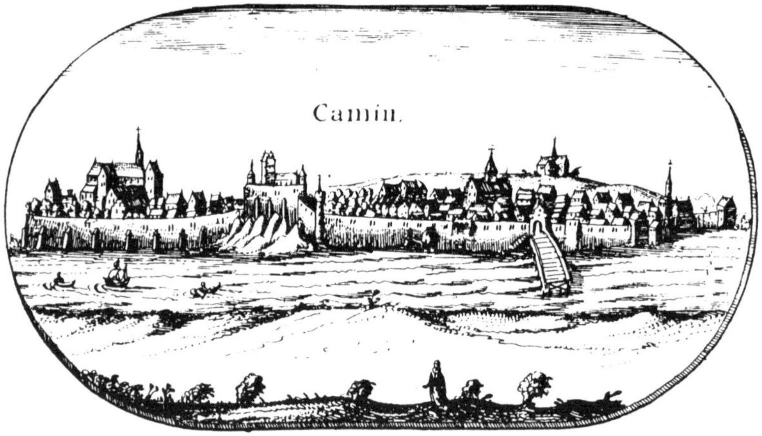

Cammin – Ansicht von Lubinus (1618)

Oft lassen sich diese Herrenhäuser als Adelssitze bis in die vorgeschichtliche Zeit zurückverfolgen: Damals waren sie Burgwälle, wie in *Böck* und *Siegelkow.* Das Geschlecht *v. Köller* hatte hier seine Stammburg. Die im Camminer Land besonders begüterten *v. Flemming* waren im Mittelalter aus dem Westen eingewandert – der Name deutet auf Flandern – und hatten viel Besitz erworben. Sie stellten den pommerschen Herzögen zahlreiche Ratgeber, in ihrer Familie war das Amt des Oberlandmarschalls erblich. Noch 1945 wurde etwas von dieser tragenden Verantwortung sichtbar, als der letzte Herr auf Benz, Hasso Graf von Flemming-Benz, den ihm während des Krieges zur Aufbewahrung anvertrauten wertvollen *Cordulaschrein* aus dem Camminer Domschatz mit auf die Flucht nahm. Da der Treck von den Russen überrollt wurde, ist dieses Kleinod nordischer Kunst seither verschollen.

Die wohl bedeutendste Burganlage stand in *Gülzow.* Seit 1305 war sie Besitz der Camminer Bischöfe, ihr Außenposten und zugleich Bindeglied zwischen dem Bischofssitz Cammin und den Stiftslanden um Kolberg und Köslin sie war. Viele Fehden sah diese Burg, die von 1402–1500 verpfändet war, um von den Bischöfen doch wieder in Besitz genommen zu werden. 1684 ging sie in den Besitz des kurbrandenburgischen Hauses über, das sich in dem Notjahr 1812 zum Verkauf der Anlage gezwungen sah. Die Mauern sind verfallen und abgetragen worden. Heute erinnert nur noch der mächtige Fangeturm an die wildbewegten Zeiten von einst.

DER KREIS DER OSTSEEBÄDER USEDOM-WOLLIN

Wie zwei ungleiche Flügel breiten sich zwischen Ostsee und Stettiner Haff die beiden Inseln *Usedom* und *Wollin* aus, dieses vom offenen Meere nahezu abriegelnd. *Peene* und *Dievenow* trennen sie vom Festland Vor- bzw. Hinterpommerns, die *Swine* scheidet sie voneinander. Einen boddenartigen Charakter (Bodden = Buchten in Vorpommern und Mecklenburg) hat vor allem die Peene mit ihrem weit in die Insel Usedom vorspringenden *Achterwasser,* aber auch die Dievenow, die sich kurz vor ihrem Ausfluß in die Ostsee zum *Camminer Bodden* erweitert und die kleine *Insel Gristow* umspült.

Beiden Inseln ist der stete Wechsel zwischen *Steilküsten-* und flachen *Strandabschnitten* gemeinsam, hervorgerufen durch einige nordsüdlich verlaufende *Endmoränenzüge,* die schroff zum Meere abstürzen. Die westöstlich ziehende Meeresströmung in der südlichen Ostsee verfrachtet den hier abgetragenen Sand nach Osten und lagert ihn in Buchten ab. So ist die berühmte *pommersche Ausgleichsküste* entstanden, die auf der Nordspitze Usedoms beginnt und sich, nur durch die Mündungen der Flüsse unterbrochen, über 300 km weit nach Osten bis zur Spitze der Halbinsel Hela erstreckt. Sie bildete die ideale Voraussetzung für das Entstehen der vielen *Ostseebäder* Pommerns. Die Bäder der Inseln Usedom und Wollin lagen in der *Spitzengruppe* der deutschen Badeorte und wurden nur von wenigen anderen in der Beliebtheit erreicht. Doch betreten wir nun, unserem Gang durch Mittelpommern folgend, zuerst die Insel *Wollin.*

Wollin – ein Ehrfurcht gebietender Name in der Geschichte Pommerns: Es ist die *älteste städtische Siedlung* des Landes, das „Haithabu Pommerns“ – kurzum ein Ort, der im 10.–12. Jahrhundert im Brennpunkt wirtschaftlichen und politischen Lebens in Pommern stand. Sagenumwoben ist es, bis hin zum fernen *Vineta,* das hier seinen Untergang gefunden haben soll

– doch, unter dem Namen *Wollin* ist diese ferne Handelsstadt nicht auf uns gekommen.
Die Slawen haben es nach der Überlieferung Adams von Bremen aus dem 11. Jahrhundert *Jumne* genannt, nach dem dänischen Geschichtsschreiber Saxo Grammaticus *Julin,* Helmold von Bosau, der holsteinische Pfarrer aus dem 12. Jahrhundert, nannte es *Jumneta.* Hieraus ist wohl die Form *Vineta* entstanden, nach anderer Meinung ist sie eine latinisierte Bezeichnung mit der Bedeutung „Wendenstadt".
Die Nordmänner hatten eigene Namen gebildet: Zumeist nannten sie den Ort *Jomsburg,* gelegentlich auch *Hynnisburg.*
Der noch heute gültige Name *Wollin* erscheint erstmals als *Wulin* 1140 urkundlich, ist also die jüngstüberlieferte, aber vielleicht doch die ursprüngliche Form.
Wollins *Blütezeit* lag im 11. und 12. Jahrhundert, als es einer der großen *Umschlagplätze* war, an denen die *Wikinger* des Nordens sich mit den *Ostseeslawen* berührten. *Rerik* in Mecklenburg ist eine Parallele dazu. Für das Preußenland ist *Truso* zu nennen, wo Wikinger und Prußen einen wirtschaftlichen Güteraustausch betrieben, der dort wie hier nicht ohne *kulturelle* Folgen blieb.
Lange hat man nach dem Vineta gesucht; der Greifswalder Historiker *Adolf Hofmeister* ist der erste gewesen, der nach dem Ersten Weltkrieg die Gleichsetzung Vineta = Jumneta = Julin = Jomsburg = Wollin wagte und schlüssig begründete. Die nach 1934 durchgeführten Ausgrabungen haben dies voll bestätigt. Das Zentrum des historischen Julin fand sich unter einer Schicht von 6–8 m Schutt unter dem heutigen Marktplatz, 15 Brände sind nachgewiesen – die vielen Brandschatzungen durch die Dänen, die die Stadt im 12. Jahrhundert zugrundegehen ließen, sind damit belegt.
Noch *Otto von Bamberg* hatte 1124 hier eine blühende Stadt vorgefunden, deren Einfluß weit ins Hinterland ausstrahlte, nur Stettin galt als mächtiger. Hartnäckig verteidigten sie ihren Gott *Triglaw.* Erst als die Stettiner Christen wurden, wandten sich auch die Wolliner der neuen Lehre zu. Otto gründete daraufhin zwei Kirchen in der Stadt, *St. Adalbert* und *St. Michael.* Kurz nach seinem Tode erhob der Papst jene zur *Bischofskirche* für das neue, ganz Pommern umfassende *Bistum.*
Doch die Tage des alten Wollin waren gezählt. Immer häufiger fielen Dänen ein und plünderten die dahinsiechende Stadt; schließlich wurde sie zerstört und sank zu einer kleinen Wendensiedlung herab. Der Bischof verlegte nach 1175 seinen Sitz in das ihm sicherer erscheinende *Cammin.*
Als in der zweiten Hälfte des 13. Jahrhunderts deutsche Siedler sich hier niederließen, mußten sie von vorn anfangen.

Wollin – Markt mit Nikolaikirche

Nicht einmal die beiden ersten Kirchen hatten sich erhalten: Die 1288 genannten Gotteshäuser *St. Georg* und *St. Nikolai* sind wohl Neugründungen, wie die ganze Stadt, die vor 1278 noch von Herzog Barnim I. das *lübische Recht* erhalten hatte. Wollin blieb im Mittelalter eine kleine Stadt, die zwar Mitglied der *Hanse* wurde, aber gegen ihre großen Schwestern Stralsund, Greifswald, Stettin und Kolberg nichts ausrichten konnte. Es führte über Jahrhunderte hinweg ein geruhsames Leben, nur unterbrochen durch den Dreißigjährigen und anschließend den Schwedisch-Polnischen Krieg, in dem es 1659 zerstört wurde. Im 19. Jahrhundert verschwanden die einstigen drei Stadttore. Die neue Konkurrenz Swinemünde verwies die alte Handelsstadt endgültig auf ihren Platz als stille *Ackerbürgerstadt*.
Hier in Wollin wurde im Jahre 1485 *Johannes Bugenhagen* geboren, der große *Reformator* Norddeutschlands und Dänemarks. Als enger Vertrauter Luthers übertrug er die Lutherbibel ins Plattdeutsche und ließ diese 1534 in Lübeck drucken; in Braunschweig, Hamburg, Lübeck, Pommern sowie Schlewig-Holstein und Dänemark führte er die Reformation durch, schuf Kirchenordnungen und begründete damit das Fundament der werdenden evangelischen Landeskirchen dieser Länder. Bugenhagens Vater war zwar Ratsherr in Wollin, doch stellten meist kleine Kaufleute, Handwerker, Ackerbürger und Fischer die Einwohner der Stadt.

Wollin – Ansicht von Lubinus (1618)

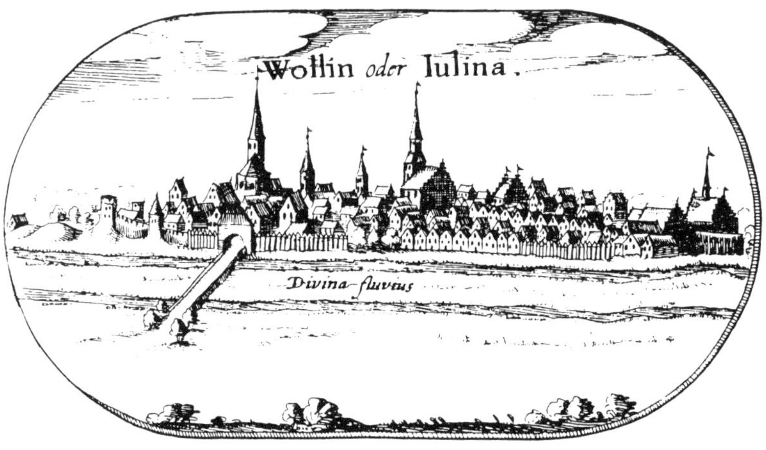

Die *Fischer* waren ein besonderer Schlag. Sie wohnten auf den *Wieken* vor der Stadt und galten als treu und bieder, jedoch allem Neuen ablehnend und Fremden schwer zugänglich, zu Hause aber gastfrei. Ihr tägliches Brot war der *Fisch*, der – da er ständig auf den Tisch kam – natürlich wenig galt, wie die folgende Geschichte zeigt:
Eines Tages kommt ein wandernder Handwerksbursche zu einem biederen Fischer und bittet um etwas zu essen. Er wird hereingebeten und, da man gerade zu Tisch saß, zum Mahl eingeladen. Es gab Fisch und Kartoffeln. Unser Handwerksbursche war aber kein großer Freund des Meeressegens und hielt sich, um seinen großen Hunger zu stillen, mächtig an die Kartoffeln. Der Gastgeber schaute dem eine Weile zu, sprang dann aber auf und schnauzte ihn ärgerlich an: „Du Lüchding, frett Fisch, de Tüften (Kartoffeln) sünd düer!"
Aus dieser Idylle wurde Wollin im März 1945 gerissen, als die Front für 8 Wochen am Ostufer der Dievenow zum Stehen kam und die Stadt dem Beschuß durch sowjetische Kanonen preisgegeben war. Wollin wurde zum zweiten Mal zu einem *Vineta*, das unterging: 90 v. H. der Stadt, darunter die beiden großen Kirchen St. Georg und St. Nikolai, fielen in Schutt und Asche, die Bewohner wurden vertrieben.
Bis heute wurde nur wenig getan, noch immer gähnen leere Flächen im einstigen Zentrum Wollins. Die Ruine der *Nikolaikirche* hat man gesichert, ein Wiederaufbau ist vorgesehen; *St. Georg* ist verschwunden. Sic transit gloria – Volini.
Wenden wir uns weiter nach Westen, in die Insel Wollin hinein. Anfangs umfängt uns ein weites, welliges Land mit blühenden Feldern, gelegentlich – so etwa bei Plötzin und Soldemin – blinkt die blaue Wasserfläche des Stettiner Haffs durch. Kurz hinter Dargebanz beginnt der Wald, der Staatsforst Misdroy, der sich auf der quer zu Ostsee und Haff liegenden *Misdroy-Wolliner Endmoräne* ausbreitet. Sie erreicht eine Höhe von 115 m und fällt bei Misdroy zur Ostsee hin steil ab, im *Kaffee*- bzw. *Gosanberg* eine bis zu 95 m hohe Kliffküste bildend. Auch im Süden, bei Lebbin,

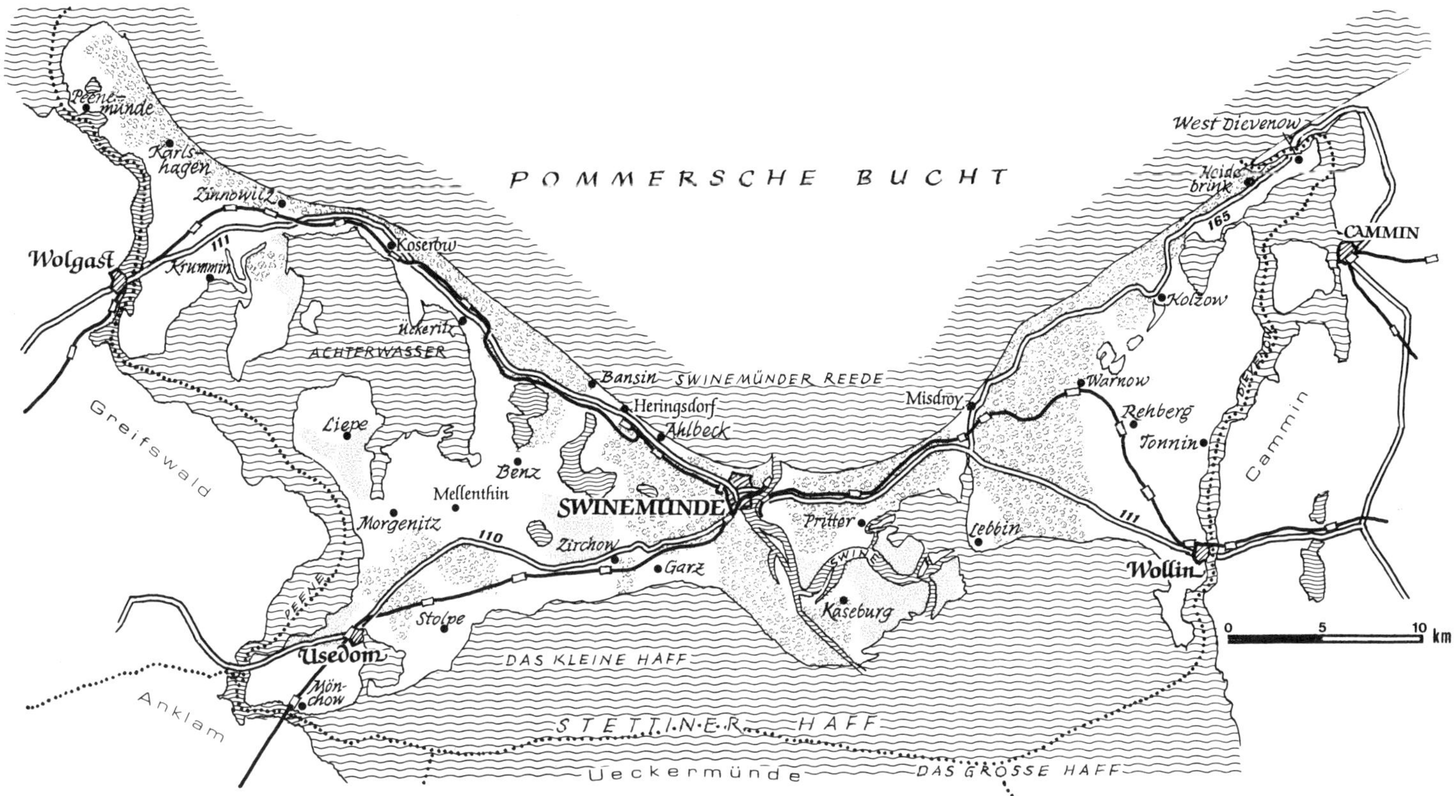

Übersichtskarte des Kreises Usedom-Wollin

ragt sie schroff aus dem Haff heraus, hier finden sich sogar aufgepreßte *Kreidevorkommen,* die durch eine Zementfabrik ausgebeutet wurden. Schon um 1600 hat man hier Schollen von kohlensaurem Kalk gebrannt. Der um 1800 angelegte Ort *Kalkofen* erinnert an diese frühe industrielle Nutzung. Das Kirchdorf *Lebbin* ist ein alter Ort, den schon 1124 Otto von Bamberg auf seiner Missionsreise in Pommern aufsuchte. Von Osten kommend, haben wir den allmählich ansteigenden *Misdroy-Lebbiner Höhenzug* kaum wahrgenommen. Umso deutlicher hebt sich die Westseite heraus. Sie fällt steil zu einer völlig flachen Landschaft ab, deren sandiger Boden verrät, daß er von Wasser und Wind aufgebaut ist. Es ist der östliche Teil der *Swinepforte,* eine heute von eintönigen Kieferforsten bestandene Fläche, die zur Ostsee hin einen wunderschönen breiten Strand bildet.

Dort, wo der weite flache *Strand* an den Fuß des Kaffeeberges stößt, liegt *Misdroy.* Umgeben von herrlichen Laubwäldern auf der Höhe, dem Wasser im Norden und einem großartigen Panorama entwickelte sich der noch vor 150 Jahren bescheidene Ort zu einem der bedeutendsten Ostseebäder.

Der feine Sand, der heute am Strand die Badelustigen erfreut, hat dem einstigen Misdroy oft zu schaffen gemacht. Nach größeren Weststürmen waren die ohnehin nur kümmerlichen Äcker versandet und kaum noch brauchbar. Anders wurde das erst, als man die Dünen im Westen des Ortes aufgeforstet

Swinemünde – Kurhaus

hatte und nach 1835 ein bescheidener Badebetrieb entstanden war. Als nach 1870 das Dünengelände parzelliert und bebaut wurde, hatte Misdroy seinen Weg zu einem bedeutenden Badeort gefunden. Die Fertigstellung der Eisenbahn im Jahre 1899 sicherte neben der schon bestehenden Schiffsverbindung jetzt auf Dauer einen großen Zustrom mit einem weiten Einzugsbereich. 1939 zählte Misdroy 4145 Einwohner, nach 1945 kam es sogar zur Ehre einer Stadt.

Swinemünde, am linken, westlichen Ufer der Swine auf der Insel *Usedom* gelegen, war und ist der *Vorhafen Stettins.* Es ist eine der jüngsten Städte Pommerns, denn es wurde erst im 18. Jahrhundert gegründet. Die späte Entstehung hat ihren Grund in der erstaunlichen Tatsache, daß die beiden Oderarme Peene und Dievenow in alter Zeit die *Hauptschiffahrtswege* waren, die Swine neigte zur *Versandung,* besonders solange die großen Binnendünengebiete der Swinepforte noch nicht aufgeforstet waren. Lediglich die beiden alten Fischerdörfer *West-* und *Ostswine* gab es hier zu beiden Seiten der Swinemündung.

Überdies war die Peene seit 1720 *Grenzfluß* zwischen Schwedisch-Vorpommern und Preußen, der Hafen Wolgast fiel damit für Preußen aus. Andererseits waren Wollin und Cammin zu klein, um einen Seehafen für die werdende Großmacht abzugeben. Friedrich der Große ließ daher bald nach seinem Regierungsantritt den Swinestrom regulieren, legte am Westufer unweit dessen Mündung einen Hafen an und gründete hier eine Stadt, die 1743 den Namen „Schwienemünde" erhielt. 1760 wurde eine *städtische Verwaltung* eingeführt, der neue Seehafen Preußens und Vorhafen Stettins hatte einen guten Start. Der regelmäßige Grundriß aus der Gründungszeit der Stadt ist noch heute auf dem Plan auszumachen. Es dauerte nicht lange, und Swinemünde wurde auch *Marinestützpunkt.*

Die Funktion als *Hafenstadt* sollte nicht das einzige Bein bleiben, auf dem Swinemünde wirtschaftlich stand. Die nahe Ostseeküste erreicht hier nicht nur ihren südlichsten Punkt,

Die Swinemündung – Vogelschau-Ansicht von Merian (1652)

sondern der *Strand* ist zudem außerordentlich *feinsandig*, völlig *steinfrei* und sehr *flach*. Es ist daher nicht verwunderlich, daß hier 1829 eines der frühesten *Seebäder* Deutschlands entstand. 1890 wurde der Stadtteil Swinemünde-Bad angelegt, 1895 eröffnete man das *Solbad*. Hauptsächlich die 1876 in Betrieb genommene Eisenbahn und vorher schon die seit

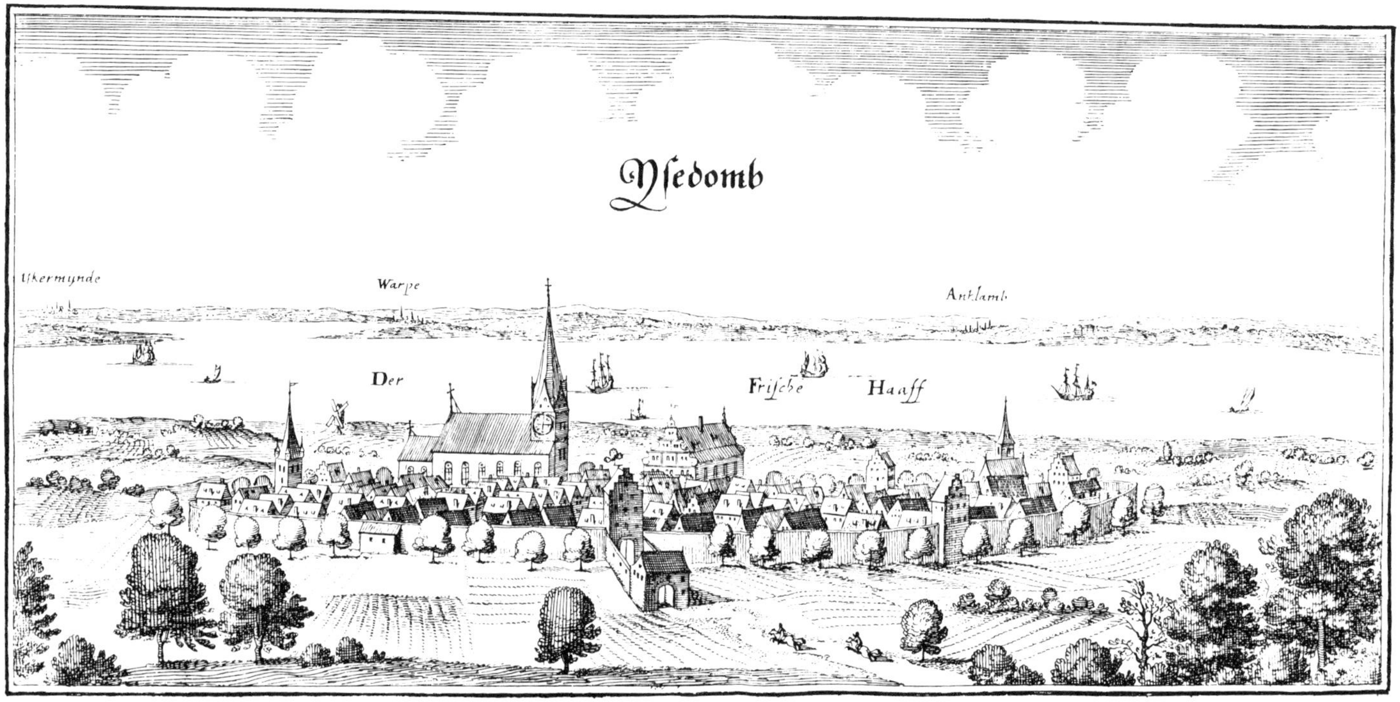

Usedom – Panorama-Ansicht von Merian (1652)

1826 regelmäßig verkehrenden Dampfer nach Stettin ließen Swinemünde Berlin und dem übrigen Reich näher kommen. Swinemünde galt als *gepflegtes, familienfreundliches* Ostseebad und erfreute sich hoher Beliebtheit, zumal die Stadt mit ihren ergänzenden zentralörtlichen Funktionen zwar in der Nähe lag, doch vom eigentlichen Kurviertel durch Grünanlagen getrennt war.

1945 ging die ganze Herrlichkeit unter. Wochenlang schon war Swinemünde Aufnahmeort von *Flüchtlingen,* die mit zahllosen Schiffen von Pillau, Hela und anderen Orten abtransportiert worden waren und hier Zuflucht suchten – nicht ahnend, was ihnen noch bevorstand. Da brach am 12. 3. 1945 das Unglück in Form eines von 671 amerikanischen Bombern geflogenen *Angriffs* auf die von Flüchtlingen überfüllte Stadt herein, die Sowjets hatten ihn zur Entlastung ihrer Front gefordert. Über 10000 Todesopfer waren zu beklagen, sie mußten in Massengräbern am *Golm* begraben werden; diese Gedenkstätte liegt heute knapp westlich der Oder-Neiße-Linie und wird weiterhin würdig gepflegt. Der zweite Akt der Tragödie kam im Mai 1945, als Swinemünde geräumt werden mußte und schließlich unter *polnische Verwaltung* kam.

Auch hier greift die neue Grenze auf das *Westufer* der Swine über und trennt Swinemünde vom übrigen Usedom ab. *Widersinniger* konnte man es nicht machen. Die zweigleisige Hauptbahn nach Ducherow und Ahlbeck wurde 1945 *demontiert,* die Schlagbäume blieben geschlossen. Noch heute leidet die Stadt unter der künstlichen *Abseitslage.*

Für unsere Gedanken ist die Grenze überschreitbar, und wir wollen es *bewußt* tun: Zu eng liegen nun einmal *Ahlbeck* und *Heringsdorf* in der Nähe Swinemündes, zwei bekannte Ostseebäder, von denen das letztere einst das „Weltbad" der gutbetuchten *Berliner* war: Über eine Auslastung der sog. „Strohwitwerzüge" Berlin-Heringsdorf brauchte sich die Deutsche Reichsbahn vor dem Kriege nicht zu beklagen.
Folgt man der alten Bahntrasse in Richtung Ducherow, erreicht man nach 22 km das kleine Städtchen *Usedom*: eine sehr alte Siedlung, von der schon aus den Jahren 1115 und 1119 die erste schriftliche Urkunde zu uns drang. 1128 versammelten sich in der hier gelegenen Burg die Großen Pommerns, als *Otto von Bamberg* auf seiner zweiten Missionsreise hier weilte, und beschlossen die *Annahme des Christentums.* Um 1156 erschienen Prämonstratensermönche und gründeten in dem nahen *Grobe* ein *Kloster,* das zweite in Pommern. Bald wurde es nach *Pudagla* verlegt, wo es bis zur Reformation bestand.
Wenden wir uns dem Norden zu. Wie Perlen auf einer Kette folgen nach Heringsdorf weitere Bäder: *Bansin, Ückeritz* und *Koserow,* deren alte Dorfkerne mehr den Binnengewässern zugewandt sind, *Zinnowitz* und endlich *Karlshagen,* doch hier ist eigentlich die Welt schon zu Ende, denn hier liegt – *Peenemünde.*
Wir wollen nicht den Versuch machen, die Anfänge der *Raketentechnik,* die mit diesem pommerschen Ort und dem Namen *Wernher v. Braun* untrennbar verbunden sind, nachzuzeichnen. Was sich hier nach 1936 im Verborgenen tat, war schon erstaunlich und wäre großartig gewesen, wenn es friedlichen Zwecken gedient hätte. Eine ganze *Stadt* mit riesigen Forschungs-, Produktions- und Erprobungsanlagen entstand hier, erschlossen durch eine elektrische Stadtbahn, nach außen hin hermetisch abgeriegelt. Die hier erprobten „Wunderwaffen" V 1, V 2 usw. sollten den Krieg retten; doch seit der Entdeckung und Bombardierung dieser Anlagen im August 1943 waren dies nur noch *Visionen ...*

Für die letzten Kilometer wollen wir den *Zug* nehmen. *Trassenheide* – hier zweigte die Peenemünder Bahn ab, *Bannemin-Mölschow* – zwei Dörfer im Wolgaster Ort, dem Westteil Usedoms und, wie seit 1910, die Endstation *Wolgaster Fähre.* „Alles aussteigen, der Zug endet hier. Reisende nach Wolgast nehmen bitte die Beine und das Gepäck in die Hand (oder benutzen eine Taxe, wenn gerade eine zu bekommen ist) und gehen über die Peenebrücke zum Bahnhof Wolgast Hafen." So war es 1939, und so ist es noch heute. Usedom ist für die Eisenbahn seit 1945 wieder zur *Insel* geworden; aber ein *Paradies* ist es geblieben und soll es auch bleiben.

Anklamer Tor in Usedom

BILDERVERZEICHNIS

Altdamm *(Dąbie)*, Kr. Randow 127
Bahn *(Banie)*, Kr. Greifenhagen 134
Brietzig *(Brzesko)*, Kr. Pyritz 138, 139
In der Buchheide 128
Cammin *(Kamień Pomorski)* 158–161
Daber *(Dobra)*, Kr. Naugard 150
Dievenow *(Dziwnów)*, Kr. Cammin 162
Ferdinandshof, Kr. Ueckermünde 80
Freienwalde *(Chociwel)*, Kr. Saatzig 147
Gartz, Kr. Randow 73
Gollnow *(Goleniów)* 151
Greifenhagen *(Gryfino)* 132, 133
Haffufer bei Mönkebude, Kr. Ueckermünde 83
Heringsdorf, Kr. Usedom-Wollin 166
Jasenitz *(Jasienica)*, Kr. Randow 86
Jassow *(Jarszewo)*, Kr. Cammin 157
Kolbatz *(Kołbacz)*, Kr. Greifenhagen 130, 131
Koserow, Kr. Usedom-Wollin 168
Kunow, Kr. Randow 75
Löcknitz, Kr. Randow 76
Luckow, Kr. Ueckermünde 77
Marienfließ *(Marianowo)*, Kr. Saatzig 148
Massow *(Maszewo)*, Kr. Naugard 152
Mellenthin, Kr. Usedom-Wollin 167
Misdroy *(Międzyzdroje)*, Kr. Usedom-Wollin 165
Haffufer bei Mönkebude, Kr. Ueckermünde 83
Naugard *(Nowogard)* 153
Neuwarp *(Nowe Warpno)*, Kr. Ueckermünde 84
Pansin *(Pęzino)*, Kr. Saatzig 149
Pasewalk, Kr. Ueckermünde 78, 79
Pölitz *(Police)*, Kr. Randow 87
Pribbernow *(Przybiernów)*, Kr. Cammin 155
Pyritz *(Pyrzyce)* 136
Randow, Kr., Autobahn 74
Schwirsen *(Świerzno)*, Kr. Cammin 156
Seelow *(Żelewo)*, Kr. Greifenhagen 129
Stargard *(Stargard Szcz.)* 140–145
Stettin *(Szczecin)* 88–126
Swinemünde *(Świnoujście)*, Kr. Usedom-Wollin 164
Ueckermünde 81, 82
Voigtshagen *(Wojtaszyce)*, Kr. Naugard 154
Werben *(Wierzbno)*, Kr. Pyritz 137
Wildenbruch *(Swobnica)*, Kr. Greifenhagen 135
Wollin *(Wolin)*, Kr. Usedom-Wollin 163
Zachan *(Suchań)*, Kr. Saatzig 146
Ziegenort *(Trzebież)*, Kr. Ueckermünde 85

ZEICHNUNGEN

Döring: Landkarte Vorsatz, Wappen auf Vor- und Nachsatz, 14, 20, 35, 40, 51, 55, 60, 67; Koglin: 10, 13, 28, 32, 43, 46, 49, 57, 62, 65, 68.

BILDNACHWEIS

Cäsar: 88, 121, 122, 128; Friedrich: 77, 80, 81, 168; Hellmuth: 73–76, 78, 79, 82, 83, 166; Jäger: 84–87, 89–120; Justi: 124–127, 129–163, 165; Paulus: 167; Archiv: 123, 164.

73 Wenn man von Berlin auf der Straße nach Stettin fährt, erreicht man als erste Stadt in Pommern GARTZ an der Oder. Diese einstige Ackerbürgerstadt hatte in früheren Jahrhunderten bessere Zeiten gesehen: Nachdem Herzog Barnim I. von Pommern dem alten Burgort – Gartz bedeutet Burg – im Jahre 1249 das Magdeburgische Stadtrecht verliehen hatte, entwickelte sich das junge Gemeinwesen kräftig und trieb auf der Oder Handel.
1945 wurde Gartz, wie oft in seiner Geschichte, schwer zerstört: Große Teile der Innenstadt, darunter die Stephanskirche, sind bisher nicht wieder aufgebaut worden; sicher nicht zuletzt, weil die Stadt seit Kriegsende in einem toten Winkel an der Oder-Neiße-Linie liegt: Die alten Verbindungen nach Stettin sind seither abgerissen. Erhalten blieb das *Stettiner Tor* mit seiner schönen *Feldseite*.

74 Die einstige REICHSAUTOBAHN *Berlin-Stettin* entstand in den Jahren 1934–1937 als erstes Teilstück einer durchgehenden Straßenverbindung von der Reichshauptstadt nach Ostpreußen. Sie wurde bis 1941 noch ein kurzes Stück über die Oder hinweg bis Freienwalde verlängert.

Seit 1945 zerschneidet die Oder-Neiße-Linie diese früher so bedeutende Verkehrsader, doch ist erst nach 1960 bei Pomellen/Kolbitzow 20 km südwestlich von Stettin ein Grenzübergang eingerichtet worden, den in den letzten Jahren viele Pommern, die ihre alte Heimat besuchten, passierten.

75 Dort, wo die fruchtbare, weiträumige Grundmoränenhochfläche des Kreises Randow spornartig in die Urstromtäler von Welse und Oder auskeilt, liegt KUNOW. Wegen seiner Lage etwa 50 Meter über den Flußtälern wurde es in alter Zeit auch Hohenkunow genannt. Es ist das südlichste Dorf Vorpommerns und bereits 1281 urkundlich bezeugt.
Das etwa 30 m lange *Gotteshaus* ist ein besonders schönes Beispiel eines Granitquaderbaues; jener aus Feldsteinen in sauberer Schichtung errichteten Kirchen, die in der Mark Brandenburg stark verbreitet sind und mit den märkischen Siedlern, die im 13. Jahrhundert zu beiden Seiten der unteren Oder nach Pommern einwanderten, auch dort entstanden. Die Kirche mit ihrem eingezogenen Chor und einer dem Langhaus in gleicher Breite im Westen vorgelagerten Turmhalle entstand im romanisch-gotischen Übergangsstil des 13. Jahrhunderts, der Fachwerkturm stammt aus der Zeit um 1750.

76 Ein letzter Zeuge einer schon grauen Vergangenheit ist der massige Stumpf des *Bergfrieds* von LÖCKNITZ. Er gehört zu einer heute verschwundenen Burg, die den Übergang der Straße von Stettin nach Pasewalk zu sichern hatte, denn seit 1250 verlief hier in der nahen Randow die märkisch-pommersche Grenze. Bis in die Mitte des vorigen Jahrhunderts standen ansehnliche Teile der Burg, die wohl noch im 14. Jahrhundert entstanden ist, als Löcknitz schon einmal zu Pommern gehörte und eines der ältesten Tafelgüter des Bischofs von Cammin war: 1468 eroberten es die brandenburgischen Markgrafen und setzten 1479 hier als Schloßhauptmann Werner von der Schulenburg ein, in dessen Familie die Burg bis 1688 verblieb. 1815 fiel der Marktflecken Löcknitz wieder an Pommern zurück und gehörte seither zum Kreis Randow, nach dessen Auflösung 1939 zum Kreis Ueckermünde.

77 Ein schönes Beispiel einer saalartigen *Fachwerkkirche* steht in LUCKOW, Kreis Ueckermünde. Sie entstand im Jahre 1725 als Nachfolgerin eines älteren Baues und gehörte den beiden Anteilsbesitzern des Dorfes gemeinschaftlich, denn Luckow war 1782 je zur Hälfte in adeligem Besitz (Gutsherrschaft Vogelsang) und landesherrliches Eigentum. Der sandige, nahezu steinlose Boden und die großen Waldungen der Ueckermünder Heide ringsum waren die Voraussetzungen für die Errichtung der Kirche aus Fachwerk, wie es meist in waldreichen Gebieten geschah.

80 Im Jahre 1706 ließen sich auf dem *Scharmützel,* einer im Dreißigjährigen Krieg wüstgewordenen Dorfstätte, Glasmacher nieder, die sich 1726 hier eine *Kirche* zur Heiligen Dreifaltigkeit erbauten. Sie wurde nicht nur zur Pfarrkirche des ab 1736 im Zuge der friderizianischen Kolonisation gegründeten neuen Dorfes FERDINANDSHOF (Kreis Ueckermünde), sondern aller neuen Ortschaften des Amtes Königsholland, die ab 1730 in dem versumpften Gebiet an der Zarow angelegt wurden. Die Neusiedler kamen aus Mecklenburg, Schwedisch-Vorpommern und der Pfalz.

81 Schon in vordeutscher Zeit bestand an der Mündung der Uecker in das Stettiner Haff ein pommerscher Fürstensitz, der urkundlich erstmals 1284 als „castrum Ukermund“ bezeugt ist. Die in seiner unmittelbaren Nähe im 13. Jahrhundert entstandene Stadt UECKERMÜNDE erhielt wohl um 1260 lübisches Recht verliehen, schriftlich erscheint sie zuerst 1276. Herzog Bogislav X. wohnte mit Vorliebe auf dem Ueckermünder *Schloß*, das 1546 von seinem Enkel Philipp I. im Stile der Renaissance ausgebaut wurde.
Nach 1720 brach man leider den größeren Teil des Gebäudes ab, nur der Südflügel mit einem Treppenturm und dem alten Bergfried blieb erhalten. Bis 1945 war hier das Amtsgericht untergebracht. Nach dem letzten Kriege zog in den ehrwürdigen Bau die Ueckermünder Stadtverwaltung ein.

82 Die UECKERMÜNDER HEIDE ist Pommerns größtes zusammenhängendes *Waldgebiet.* Mit ihren rund 1 000 qkm erstreckt sie sich südlich des Stettiner Haffs von der unteren Oder nach Westen bis zur Zarow und über diese hinaus.
Die riesigen Waldungen stehen auf armen Talsandböden, die der nacheiszeitliche Haffstausee zurückgelassen hatte. In jener vegetationsarmen Zeit wehte der Wind den Sand vielfach zu Binnendünen auf. Die Vegetation entfaltete sich nur allmählich: Birken und Nadelhölzer, vorwiegend Kiefern, herrschen vor. Infolge der starken Ausholzung durch den Menschen im Mittelalter und Überweidung verkümmerte das Waldgebiet im 16./17. Jahrhundert zur Heide. Erst seit der Angliederung an Preußen (1720) setzte eine planmäßige Forstwirtschaft ein. Heute durchschneidet die Oder-Neiße-Linie das Waldgebiet etwa in Richtung von Rieth über Stolzenburg nach Daber.

83 Die *Ufer des Stettiner Haffs* wie hier bei MÖNKEBUDE (Kreis Ueckermünde) sind weithin sumpfig und von einer breiten Schilfzone umgeben, ein Zeichen für den seit der Nacheiszeit andauernden Verlandungsprozeß. Das heute von der Oder-Neiße-Linie geteilte Haff ist der letzte Rest eines einst viel größeren postglazialen Haffstausees, 903 qkm groß und bis 7 m tief, sehr fischreich und in seiner Mitte von einer ständig offen zu haltenden Baggerrinne durchzogen, in der die Schiffe von Swinemünde durch Swine und Kaiserfahrt die Oder aufwärts bis Stettin gelangen können.

84 Auf einer Halbinsel, die den Warper See vom offenen Stettiner Haff abtrennt, liegt malerisch das kleine Fischerstädtchen NEUWARP (Kreis Ueckermünde). Es ist sicher ein sehr alter Ort, wenngleich auch erst 1352 von einer »civitas Nova Warpe« die Rede ist. Der nahe der Stadt liegende Wohnplatz Altstadt hat den Historikern viele Rätsel aufgegeben: Da er früher auch Garden (= Burg) hieß, kann es sogar das Gradiz sein, das der Pommernmissionar Otto von Bamberg 1124 aufsuchte. Neuwarp hatte das Pech, 1945 noch nachträglich unter polnische Verwaltung zu kommen. Zerstörungen gab es in der Stadt 1945 nicht, wohl aber Verfall danach; wieder hergestellt ist das hübsche Fachwerk-*Rathaus* aus dem Jahre 1696 mit seinem Anbau von 1928.

85 ZIEGENORT (Kreis Ueckermünde) liegt am Stettiner Haff und besteht eigentlich aus zwei Dörfern: dem Kirchort Groß Ziegenort und dem erst in unserem Jahrhundert zum Haffbad aufgestiegenen Klein Ziegenort. Die erste Nennung des Ortsnamens aus dem Jahre 1280 (»Zegenhort«) zeigt, daß Ziegen hier nicht Pate gestanden haben, sondern »Zegen«, kleine Fische, die früher häufig im Haff gefangen wurden. Die *Dorfkirche* ist ein barocker Putzbau aus der Zeit um 1745. Seit 1860 gab es eine regelmäßige Dampferverbindung nach Stettin, dessen elektrische Vorortbahn hier endet.

86 JASENITZ im früheren Kreis Randow war einst ein Marktflecken, der heute ein Stadtteil von Pölitz ist; in seiner Gemarkung wird zur Zeit ein großes Chemiekombinat gebaut.
Das Jasenitzer *Gotteshaus* ist der übriggebliebene Rest einer ehemaligen Klosterkirche, von der nur die drei westlichsten der ursprünglichen acht Joche auf uns gekommen sind. Das Kloster wurde 1260 von Herzog Barnim I. in Ueckermünde gestiftet und bald von Victorinermönchen, die aus Paris kamen und nach der Regel des hl. Augustinus lebten, besiedelt. Sie gaben ihm den Namen »Donum Dei« (= Gottesgeschenk) oder auch »Vallis S. Mariae« (= Mariental), mußten aber die Abtei nach 1276 mehrfach verlegen, bis sie endlich 1331 in Jasenitz blieb. Nach 1535 wurde das Kloster zu einem fürstlichen Wohnsitz eingerichtet und vielfach als Jagdschloß benutzt. Von den Gebäuden ist nur wenig verblieben.

87 Von Anfang an stand es im Schatten seiner großen Nachbarin Stettin, das kleine Städtchen PÖLITZ im Norden des Kreises Randow. Es liegt unweit der Oder in einer waldreichen Umgebung und war ursprünglich ein Fischerdorf, das 1260 von Herzog Barnim I. das Stettiner Stadtrecht erhielt. 1321 fiel ganz Pölitz mit allen dazugehörigen Gerechtsamen an die Stadt Stettin und verblieb dort als Mediatstadt bis 1808. 1939 holte der Schatten der Vergangenheit Pölitz wieder ein; es wurde nach Stettin eingemeindet, aber nach 1945 wieder eine selbständige Stadt. Als einziger Rest der mittelalterlichen Marienkirche, die 1896 wegen Baufälligkeit abgebrochen wurde, blieb auf dem Marktplatz die kleine *Marienkapelle* stehen, die wegen ihrer edlen gotischen Formen Beachtung verdient.

88 Der wohl schönste Blick auf die pommersche Hauptstadt STETTIN bietet sich dem Betrachter vom Schiff, das oderaufwärts von Swinemünde kommend sich der Stadt nähert. Weit ausgebreitet liegt das *Zentrum* der Stadt vor uns: Ganz links ist der helle Bau des Schlosses mit seinen drei Türmen zu erkennen, dahinter die mächtige Jakobikirche und in der Bildmitte die Gebäude der Hakenterrasse. Unmittelbar davor beginnt der Hafen, einst der drittgrößte Deutschlands, der zusammen mit der Oder die Lebensader der 1939 383000 Einwohner zählenden Stadt bildet.

89 Die gute Stube STETTINS ist die majestätisch sich an der Oder entlangziehende *Hakenterrasse*. Es war das Verdienst des vorausschauenden Stettiner Oberbürgermeisters Haken, daß das freigewordene Gelände des ehemaligen Forts Leopold nicht verbaut, sondern in repräsentativer Weise gestaltet wurde. Die Anlage selbst war 1907 fertiggestellt. Als erstes wurde 1905 das Gebäude der Landesversicherungsanstalt errichtet, 1911 folgte der im Stil der Neo-Renaissance aufgeführte Bau der Regierung (unser Bild), 1913 das Städtische Museum und schließlich 1921 das Landesfinanzamt.

90 Von der Stelle, wo früher das Stadttheater stand, bietet sich heute dem Besucher STETTINS der schönste Blick auf das einstige *Residenzschloß der pommerschen Herzöge,* das nach schweren Kriegszerstörungen in den letzten 20 Jahren wieder aufgebaut worden ist. Dabei wurde versucht, äußerlich den Zustand zu rekonstruieren, wie er vor der Zerstörung von 1677 (!) bestanden hat und durch Merian überliefert ist – ein Wagnis, das in seinen äußeren Proportionen wohl gelungen ist, aber wegen der mangelhaften Überlieferung von Details im einzelnen doch zweifelhaft bleibt. Zu erkennen sind links der Schloßkirchenflügel mit dem Turm der einstigen Schloßkirche und rechts der Museumsbau, hinter ihm die Spitzen des Uhr-, Westflügel- und Fangerturms.

91 Mit der 1577 zusammen mit dem Nordflügel des Schlosses zu STETTIN erbauten Schloßkapelle entstand zugleich der erste protestantische Kirchenneubau Pommerns. Er diente bis 1637 den Herzögen und dem Hofstaat als gottesdienstliche Stätte und führte die Tradition der zu Beginn des 14. Jahrhunderts abgebrochenen St. Ottenkirche weiter. Nach der Vernichtung der Marienkirche durch den Brand von 1789 wurde die dortige Pfarrei mit der *Schloßkirchen*gemeinde vereinigt. In den Jahren 1908/1909 erhielt die saalartige Kirche eine Ausmalung im Stile der Renaissance.
Nach den Zerstörungen des letzten Krieges wurde der Raum in schlichter Form wiederhergestellt und dient heute profanen Zwecken.

92 Die *Südfront des Bogislavbaues* vom STETTINER *Schloß* hat sich durch die Wiederaufbaumaßnahmen der polnischen Denkmalspflege nach 1972 stark verändert. Man hatte sich damals entschieden, nicht die zuletzt vorhandene schlichte Form aus der Zeit des preußischen Wiederaufbaus nach 1720 wiederherzustellen, die ohnehin durch den stark verändernden Umbau des Bogislavbaues im Jahre 1873 abgewandelt worden war, sondern das Aussehen zu rekonstruieren, wie es nach dem Umbau im 16. Jahrhundert entstanden war. Als wesentliche Vorlage diente dazu die Ansicht des Schlosses, die uns von Merian aus dem Jahre 1652 überliefert ist. Das Gebäude trägt somit eine seit 300 Jahren vergangene historische Fassade, innen ist es völlig modern als Theater gestaltet.

93 Eines der Wahrzeichen STETTINS ist die eigenartige *Uhr* am Turm des Bogislavbaues vom Stettiner *Schloß*. Sie entstand im Jahre 1694, wurde aber 1736 durch ein neues großes Werk ersetzt. Es besteht aus zwei Zifferblättern, von denen der Zeiger des größeren auf der Nase eines Sonnenbildnisses balanciert und die vollen Stunden anzeigt. Dieses fratzenhafte Gesicht kann sogar die Augen verdrehen und zeigt im Mund die Datumsziffer, die früher an jedem Tag morgens von einem Wärter, der auch die Uhr aufzuziehen hatte, ausgewechselt wurde. Über dem großen Zifferblatt halten zwei Löwen das Datum der Renovierung von 1864, darunter ist ein Mohr zu erkennen, der zu jeder Stunde die neben ihm angebrachte Glocke schlägt.
Nun mag der geneigte Leser selbst feststellen, wann dieses Bild aufgenommen wurde.

94 An der Südwand des Turmes der Schloßkirche zu STETTIN, dem Münzhof zugewandt, ist eine kleine Statue angebracht, die in den letzten Jahren gründlich restauriert und ergänzt wurde: Sie stammt aus dem Jahre 1346 und zeigt *Otto von Bamberg*, den Apostel der Pommern. Dieser Sendbote des christlichen Glaubens stammte aus dem Schwäbischen, wurde Bischof der fränkischen Diözese Bamberg und erhielt 1124 vom polnischen Herzog Boleslaw III. den Auftrag, die damals noch heidnischen Pomoranen zu missionieren. In Stettin hatte er wie anderenorts anfänglichen Widerstand zu überwinden, konnte aber den Tempel des Triglaw zerstören und zwei Kirchen gründen: St. Adalbert und St. Peter und Paul.

95 Herzog Philipp II. von Pommern-Stettin war wohl der kunstsinnigste unter den pommerschen Herrschern. Um seine Kunstschätze, Sammlungen und Bücher würdig aufstellen zu können, ließ er westlich des Schlosses zu STETTIN einen weiteren Bau aufführen, der als Museumstrakt den fünften Flügel des weitläufigen Schloßkomplexes darstellt und 1619 vollendet wurde. Durch das Aussterben der Dynastie (1637) kam es jedoch zur Zerstreuung der Kunstschätze. Nur eine *Inschrifttafel* mit den Bildnissen zweier Herzöge erinnert noch an die einstige Bedeutung des Baues. Der Text lautet in deutscher Übersetzung: »1619. Die hochberühmten Herren, die Brüder Philipp II. und Franz I., der Stettiner, Pommern, Kassuben, Wenden Herzöge, Fürsten von Rügen, Grafen von Gützkow, Herren der Lande Lauenburg und Bütow ließen dieses Haus auf ihre Kosten erbauen und weihten es zu einer Pflegestätte der Musen und Künste.«

96 *Schweizerhof* nannten die Einwohner von STETTIN früher das altertümliche Gebäude, das vor den Zerstörungen des Krieges eingebaut am Ende einer Sackgasse stand. Der Name rührt von dem Schweizer Dubendorf her, einem Bruder des Erbauers der Wasserkunst auf dem Roßmarkte, der hier im 18. Jahrhundert eine Tabagie und Speisewirtschaft betrieb, in der geraucht und getrunken wurde nach der Art des Tabakskollegiums in Potsdam. Er hatte damit großen Zulauf. Doch dieses Gebäude hat eine noch ältere Geschichte. Der *Loitzenhof*, wie es eigentlich heißt, weist auf seine einstigen Erbauer, die Kaufmannsfamilie der Loitze hin, die in der zweiten Hälfte des 16. Jahrhunderts die Geldgeber der pommerschen Herzöge, des Adels und vieler Städte und Kaufleute waren. Der Zusammenbruch ihres Bankhauses 1572 war in seinen wirtschaftlichen Folgen noch zwei Jahrhunderte später in Pommern spürbar.

97 Auf Anregung des preußischen Königs Friedrich Wilhelm I. entschlossen sich die Stände Vor- und Hinterpommerns im Jahre 1725 zum Bau eines Landschaftshauses in STETTIN. Er veranlaßte, daß der Entwurf des Holländers Gerhard Cornelius Wallrawe, der die Arbeiten an den Befestigungsanlagen Stettins leitete, ausgeführt wurde. Der schlichte, aber doch eindrucksvolle Barockbau entstand daraufhin in den Jahren 1726–1729 und diente der Pommerschen Ritterschaft lange als Versammlungsort. Zu Beginn der dreißiger Jahre wurde das alte Landeshaus umgebaut und nahm nun die Sammlungen des Provinzialmuseums pommerscher Altertümer auf. Sie erlitten im Krieg nur geringe Verluste und werden heute als »Nationalmuseum« weitergeführt. Unser Bild zeigt den Hauptzugang zum *Landesmuseum* von der Luisenstraße aus.

98 Der *Roßmarkt* war im 19. Jahrhundert einer der schönsten Plätze STETTINS. Er erhielt seine Gestalt unter dem preußischen König Friedrich Wilhelm I., der den Wiederaufbau der bei der Belagerung von 1713 zerstörten Häuser befahl. Auf dem Grundstück von drei Gebäuden entstand nach 1720 ein Palais, das anfangs der pommersche Oberpräsident v. Grumbkow bewohnte und in dem 1759 Prinzessin Sophie Dorothea v. Württemberg, die spätere Gemahlin des russischen Kaisers Pauls I., zur Welt kam. Später erwarb es der bedeutende Stettiner Kaufmann Salingré, nach ihm die Familie Wietzlow und schließlich die Preußische Nationalversicherungs-Gesellschaft, die es leider abbrechen und sich hier um 1890 einen historisierenden Neubau aufführen ließ, den die Polen heute »Palais unter dem Globus« nennen.

99 Nachdem STETTIN 1720 preußisch geworden war, konnte es sich der besonderen Fürsorge König Friedrich Wilhelms I. erfreuen. Der sonst so sparsame »Soldatenkönig« hatte immer eine offene Hand, wenn es darum ging, die Stadt zu verschönern. So ließ er auf seine Kosten im Jahre 1729 durch den Schweizer Abraham Dubendorf auf dem Roßmarkt eine *Wasserkunst* errichten. Sie wird gekrönt von einem wasserspeienden schwarzen Adler, dem Symbol Preußens, und zeigt darunter drei Masken, die ihr Wasser in große Muscheln schütten. Das Wasser wurde durch eine dazu eigens verlegte Leitung von den 10 km entfernten Warsower Höhen herangeleitet. Als der Brunnen 1732 fertiggestellt war, galt er als große Sehenswürdigkeit Stettins.
Die heutige Bezeichnung »Brunnen des weißen (= polnischen) Adlers« ist angesichts seiner Geschichte wenig passend.

100 Als Bischof Otto von Bamberg im Jahre 1124 den damals noch heidnischen Pommern das Christentum brachte, gründete er in STETTIN zwei Gotteshäuser: Die St. Adalbertskirche, die jedoch bald wieder zerstört wurde, und die *St. Peter- und Pauls-Kirche*. Dieser Bau entstand in der damaligen wendischen Siedlung und wurde daher nicht in die im 12./13. Jahrhundert entstandene deutsche Kaufmannsstadt einbezogen. Erst nach der 1630 durchgeführten Umwallung Stettins wurde sie in das Stadtgebiet hereingenommen. Das heutige Kirchengebäude ist in der Mitte des 15. Jahrhunderts aufgeführt worden, wohl unter Mitwirkung Hinrich Brunsbergs. Blendfassade und Turm sind gegen Ende des 19. Jahrhunderts nach alten Vorbildern restauriert worden.

101 Für einen gotischen Sakralbau ist das breite, einzige *Schiff* der *St. Peter- und Pauls-Kirche* zu STETTIN schon etwas Ungewöhnliches, noch dazu das hölzerne Scheingewölbe, das nach der Belagerung von 1677 unter einer Flachdecke ausgebaut worden ist. Doch der saalartige Charakter und die breiten, viel Licht einlassenden Fenster verleihen dem Bau etwas Helles, Freundliches und nehmen ihm die Strenge und Erhabenheit, die sonst der Gotik eigen ist. Heute dient die Kirche der kleinen, von Rom getrennten nationalpolnisch-katholischen Gemeinde Stettins als Gotteshaus.

102 Noch in die Zeit des berühmten spätgotischen Baumeisters Hinrich Brunsberg geht die Außenwand der *St. Peter- und Pauls-Kirche* zu STETTIN zurück. Ein interessantes Detail stellen dort die ausdrucksstarken *Köpfe* aus Terrakotta dar, jeweils ein Mann und eine Frau, die in den Nischen der Strebepfeiler als *Konsolsteine* für große Heiligenstatuen dienten, die nicht mehr erhalten sind. Diese sehr realistisch und individuell gestalteten, recht kräftig modellierten Köpfe sind wohl die ältesten plastischen Darstellungen pommerscher Gesichter überhaupt, die uns erhalten geblieben sind.

103 An der Nordseite der *St. Jakobikirche* zu STETTIN erhebt sich unweit des heutigen, modern gestalteten Haupteingangs ein gewaltiger Glockenstuhl. Er trägt die einzige erhaltene *Glocke* der Kirche. Sie wurde zusammen mit ihren beiden Schwestern 1941 vom Turm genommen und sollte mit ihnen eingeschmolzen werden. Nach dem Wiederaufbau des Gotteshauses wurde sie 1972 in einem freistehenden Glockenstuhl aufgehängt, da die Statik des im Kriege schwer beschädigten Turmes den Schwingungen dieser riesigen Glocke auf Dauer nicht mehr standhalten kann. Es ist die einstige »Schwedenglocke«, so benannt, weil sie in der schwedischen Zeit Stettins kurz nach 1680 gegossen worden ist. Auf der Glocke sind die Namen der drei Stettiner Bürgermeister Johann Gansewin, Crispinus Gerstmann und Erdmann Lindemann zu erkennen.

104 Unter den bedeutenden pommerschen Kirchen wurde die *St. Jakobikirche* zu STETTIN früher die »Große« genannt. Ihre Geschichte reicht in das Jahr 1187 zurück, als sie von dem fränkischen Kaufmann Beringer als Gotteshaus der deutschen Gemeinde begründet wurde. Im Mittelalter erhielt sie durch Hinrich Brunsberg ihre entscheidende Formung, 1504 wurde anstelle der zweitürmigen Westfassade ein gewaltiger Hauptturm erbaut, der 1677 einstürzte und 1899 bis auf 118 m Höhe erneuert wurde. Der Wiederaufbau nach 1972 legt das Aussehen aus der Zeit vor 1893 zugrunde.

105 Kahl und leer wirkt der großartige *Innenraum* der *St. Jakobikirche* zu STETTIN heute, eine Folge der schweren Kriegszerstörungen, die der Zweite Weltkrieg mit sich brachte. Vernichtet ist der riesige barocke Hochaltar aus den Jahren 1709–1711 von Ehrhard Löffler, an seiner Stelle ist ein kleiner gotischer Altar aus dem früheren Kloster Kolbatz aufgehängt worden, der sich im Pommerschen Landesmuseum befand. Verschwunden ist auch die große barocke Orgel aus dem Jahre 1699, an der kein Geringerer als Carl Loewe 1821–1866 als Organist tätig war. Vergangen sind auch die prachtvollen barocken Erbbegräbnisse und Epitaphien Stettiner Bürger. Geblieben ist der gewaltige Raumeindruck dieser einstigen Amtskirche des evangelischen Generalsuperintendenten von Pommern, die nach ihrem Wiederaufbau 1972 zu einer katholischen Bischofskirche geworden ist.

108 Für die meisten Bewohner von STETTIN war früher das *Alte Rathaus* am Heumarkt ein unscheinbarer Bau, der nur wenig Beachtung fand. Schon früh war es der Stadtverwaltung zu klein geworden und wurde daher nach dem Neubau des Neuen Rathauses als Lagerraum verpachtet. Es war in seinem Äußeren ein verputzter Bau mit schlichten barocken Formen, darunter zwei nur wenig gegliederten Giebeln und einem barocken Portal auf der Westseite (links). Die mittelalterlichen Backsteinfassaden mit ihren herrlichen gotischen Fenstern und Blenden waren nämlich nach der Zerstörung des Rathauses 1677 zugemauert und verputzt worden, ebenso die Rathauslauben. Der im Mittel- und Dachgeschoß in der bis 1944 bekannten Form restaurierte *Südgiebel* vermittelt noch eine ungefähre Vorstellung von dem barocken Aussehen des Alten Rathauses.

109 Der schwere Bombenangriff vom August 1944, der die untere Altstadt von STETTIN völlig in Schutt und Asche legte, ließ auch vom *Alten Rathaus* nur die Umfassungsmauern bis zur Höhe des Daches stehen. Nach langer Unentschlossenheit hat die polnische Verwaltung das Gebäude nach 1972 wieder aufgebaut. Dabei entschied man sich zu einer Rekonstruktion in den gotischen Formen des Mittelalters, da diese unter dem abgefallenen barocken Putz zum Vorschein gekommen waren. Lediglich der *gotische Schaugiebel* wurde, da im einzelnen nicht dokumentiert, zwar in alter Proportionierung, aber in modern-stilisierten Detailformen rekonstruiert.
Das Ganze würde noch viel besser zur Wirkung kommen, wenn nicht die das Rathaus umgebende einstige Unterstadt heute eine ungestaltete und ungepflegte Gegend wäre.

110 Der remterartige *Ratskeller* des Alten Rathauses in STETTIN mit seinen wuchtigen Sterngewölben ist schon wegen seines stimmungsvollen Charakters einen Besuch wert. Er blieb trotz der starken Zerstörungen des Gebäudes im Jahre 1944 erhalten und wird seit dem Wiederaufbau des Rathauses gastronomisch genutzt: Doch nicht in der Form eines gediegenen Ratsweinkellers, wie er noch bis in die 1880er Jahre hinein den Stettinern Gemütlichkeit bot, sondern als »Metsiederei«, die wohl weniger dieses altgermanische Getränk feilhält, dafür aber einem Nachtklub ähnelt.

111 Die 1845–1870 angelegte Neustadt, die erste Stadterweiterung STETTINS seit dem Mittelalter, bot auch Raum für einen Neubau des längst zu klein gewordenen Rathauses. In beherrschender Lage gegenüber der Grünen Schanze errichtete der Stadtbaurat Kruhl in den Jahren von 1875–1879 am Victoria-Platz ein *neues* repräsentatives *Rathaus* – zwar in den damals so beliebten neugotischen Formen, aber in der traditionellen Ziegelbauweise. Im letzten Krieg brannte das Gebäude völlig aus und wurde nach 1967 in alter Form wiederaufgebaut. Es beherbergt jetzt aber eine Seefahrtsschule.

112 Das *Landeshaus* in STETTIN beherbergte bis 1945 die preußische Provinzialverwaltung und das Oberpräsidium für Pommern; heute ist hier die Stadtverwaltung untergebracht. Das 1927 vom Architekten Steinmetz errichtete und 1937/1938 erweiterte Gebäude schließt im Nordwesten der Stadt die Kaiser-Wilhelm-Straße gegen die dahinter liegende Quistorpaue ab und stellt mit den Nebengebäuden eine stattliche Baugruppe dar, bei der sich im Gegensatz zum Historismus jener Straße eine betont schlichte Bauauffassung mit sachlich gebotener Großzügigkeit in der Anlage verbindet.

113 Das *Königstor* ist neben dem Berliner Tor das andere der beiden barocken Festungstore, die nach der preußischen Besitzgreifung STETTINS durch König Friedrich Wilhelm I. im Zuge der neuen Befestigungsanlagen errichtet wurden. Es entstand 1725–1727 durch den Baumeister v. Wallrawe anstelle des alten Mühlentores. Die Polen taten sich nach 1945 mit der Benennung schwer: Nach zweimaligem Wechsel (Piastentor, Tor der preußischen Huldigung) ist man jetzt zum alten Namen Königstor zurückgekehrt. Der sich nach links anschließende *Königsplatz* entstand ebenfalls 1725.

114 Im Jahre 1904 bezog die *Stadtbücherei* den erst 1871 an der Grünen Schanze für das Stadtgymnasium STETTINS errichteten Bau. Die städtischen Büchereien hatten 1939 einen Bestand von 235000 Bänden und umfaßten neben der eigentlichen Stadtbibliothek noch die städtische Volksbücherei mit sechs Filialen, die Musikalienbücherei, Jugendbücherei, das Bildarchiv, das Pommersche Biographische Archiv, eine Kinderlesehalle sowie die Pommersche Landeswanderbücherei. Heute sind es 800000 Bände (darunter 300000 Bände überwiegend deutschsprachige Literatur).

115 Am Paradeplatz in STETTIN steht noch immer das dunkelrote Backsteingebäude der früheren *Oberpostdirektion.* Obwohl das Hauptpostamt am Hauptbahnhof erst 1874 eröffnet worden war, litt es bald unter Raummangel; daher erbaute sich die Post 1905 in repräsentativer Lage ein neues Verwaltungsgebäude, das – dem Geschmack der Zeit entsprechend – in den Formen der Backsteingotik aufgeführt wurde. Trotz seines historisierenden Äußeren hebt es sich wohltuend von den modernen Einheitsbauten im Neo-Kasernenstil ab, die heute in zunehmender Weise das Stadtbild verunstalten.

116 Als im Jahre 1873 kurz nach der Reichsgründung die Entscheidung fiel, die Befestigungsanlagen aufzulassen, wurde STETTIN von einem eng und daher lästig gewordenen Panzer befreit. Der Weitsicht der damaligen Stadtverwaltung ist es zu danken, daß das Gelände der Wälle und Bastionen sowie der drei vorgeschobenen Forts Preußen, Wilhelm und Leopold großzügig durchgeplant und repräsentativ bebaut wurde. Damals entstanden auf Anregung des Stadtbaumeisters Hobrecht, der sich später auch in Berlin große Verdienste erwerben sollte, nach Pariser Vorbild die sternförmig vom Kaiser-Wilhelm-Platz ausstrahlenden Straßen und breite Alleen wie die *Kaiser-Wilhelm-Straße,* Friedrich-Karl-Straße, Hohenzollernstraße, Friedrichstraße, Barnimstraße u. a. m. Um das alte Fort Preußen, die einstige Stern schanze, entstand zwischen Friedrich- und Körnerstraße in den 1880er Jahren ein für jene Zeit vorbildliches Kasernenviertel.

117 In der Zeit vor dem Ersten Weltkrieg entstanden in STETTIN große *repräsentative Mietshäuser,* zwar in der damals typischen gründerzeitlichen Architektur, aber mit großbürgerlichem Zuschnitt. Die einheitliche Fassadengestaltung, klare Durchhaltung der Fluchtlinien und großzügige Bepflanzung der Straßen und Plätze mit Bäumen, zum Beispiel im Gebiet um die Kaiser-Wilhelm-Straße (hier die *König-Albert-Straße*), führten diesen Stadtteil zu einer geplanten Geschlossenheit, deren Urbanität als städtebaulicher Wert heute überall wieder anerkannt und gepflegt wird.

118 Der wichtigste und älteste Oderübergang in STETTIN ist immer der Straßenzug über die Lange Brücke gewesen. Anstelle der alten hölzernen Brücke entstand 1903 etwas stromauf die neue, 105 m lange *Hansabrücke,* eine stählerne Klappbrücke, die 1945 zerstört wurde. Der heutige Neubau wurde auf den alten Fundamenten errichtet und ist jetzt, nach dem Verlust der Baum- sowie der Bahnhofsbrücke, der einzige seiner Art im engeren Stadtgebiet. Das beherrschende Gebäude im Hintergrund ist das um 1900 erbaute *Hauptzollamt* auf der Lastadie; es dient auch heute gleichen Zwecken.

119 Die *Gertrudkirche* auf der Lastadie in STETTIN ist ein neugotischer Bau, der 1897 nach einem Entwurf des Stadtbaurats Meyer fertiggestellt wurde. Mit ihrem 64 m hohen Turm setzt sie in dem türmearmen Stettin heute einen besonderen Akzent. Sie trat an die Stelle eines alten Fachwerkbaues, der in der Franzosenzeit stark beschädigt und danach nur notdürftig ausgebessert worden war und schließlich 1894 abgebrochen wurde. Die Innenausstattung kam damals ins Museum, das Stift Salem übernahm die Kanzel. St. Gertrud geht auf eine vielleicht schon ins 14. Jahrhundert zurückreichende Kapelle zurück, die wiederholt erneuert und 1766 Pfarrkirche wurde. Sie dient heute der klein gewordenen evangelischen Gemeinde Stettins als Gotteshaus.

120 Stettin zeichnet sich durch eine reizvolle Umgebung aus: Wasser, Wald und Wiesen umgeben die Stadt von drei Seiten. In der breiten ODERNIEDERUNG, an die im Osten die Buchheide heranreicht, fließen die Oder und ihr östlicher Hauptarm, die Große Reglitz, dem Dammschen See entgegen. Für den Verkehr bildete die Stromaue ein lange unüberwindbares Verkehrshindernis, das bis 1846 nur von dem schon 1299 erwähnten Steindamm überquert wurde, seither aber von der Eisenbahn und seit den dreißiger Jahren von Umgehungsbahn und Autobahn gekreuzt wird.

121 Die ODER konnte in den in Pommern gar nicht so seltenen kalten Wintern völlig zufrieren und mußte dann für die Schiffahrt aufgebrochen werden. Die Stettiner Hafenverwaltung hielt sich dazu eine stattliche Eisbrecherflotte, die auch die Fahrrinne auf dem Stettiner Haff sowie die Kaiserfahrt und Swine offenzuhalten hatte. Eines dieser Schiffe, die »Stettin«, kam 1945 als Flüchtlingstransporter in den westlichen Teil Deutschlands, tat noch lange Dienst im Hamburger Hafen und dampft heute dank der Bemühungen einiger rühriger Pommern als Museumsschiff auf der Ostsee.

122 Der *Hafen* von STETTIN war vor dem Kriege Deutschlands größter an der Ostsee. Er geht in seiner Geschichte bis in die Zeit der Hanse zurück und entwickelte sich von der Oder, wo an Bollwerk und Lastadie einst alle Schiffe anlegten, in das sumpfige Niederungsland bis hin zur Großen Reglitz, dem zweiten Hauptarm der Oder. 1878 entstanden die Anlagen am Dunzig, 1881 der Oder-Dunzig-Kanal, 1895 der Dunzig-Parnitz-Kanal, 1898 das erste, 1910 das zweite Becken des Freihafens, 1917 und 1919 der Steinbruch- bzw. Reiherwerderhafen und in den zwanziger und dreißiger Jahren noch einige Erweiterungen. Zum Hinterland Stettins gehören das Oberschlesische Industriegebiet und auch Berlin, das heute durch die Oder-Neiße-Linie abgeschnitten ist.

123 Oberschlesische Steinkohle und schwedisches Eisenerz treffen sich auf halbem Wege bei Stettin und bilden die Grundlage für eine Eisenhütte, die – wie auch in Lübeck und Bremen – den Werften in den Küstenstädten den notwendigen Stahl liefert. Die *Eisenhütte Kraft* entstand 1897 in KRATZWIECK an der Oder und hatte den Hauptabnehmer ihrer Stahlerzeugnisse in der einst berühmten »Vulcan«-Werft in Stettin-Bredow, die vor dem Ersten Weltkrieg die größte Werft des europäischen Festlandes war – bis zu ihrem unrühmlichen Ende während der Weltwirtschaftskrise 1929.

124 Die einförmigen Betonbauten aus der Nachkriegszeit Stettins haben jetzt das kleine, 1945 sehr beschädigte *Kirchlein* von POMMERENSDORF erreicht. Es liegt mit seinem umliegenden Friedhof reizvoll auf dem Hügel, der auf zwei Seiten von der angerartig geteilten Dorfstraße umfaßt wird, die sich hier wie ein Hohlweg eingetieft hat und zur nahen Oderniederung absenkt. Pommerensdorf, dessen Nordhälfte als Pommerensdorfer Anlage schon 1864 nach Stettin eingemeindet wurde, wuchs durch große chemische Fabriken nach 1900 stark an und gehört seit 1939 zu Stettin.

125 Auch SCHEUNE ist eines jener 30 Dörfer, die 1939 im Zuge einer großen Gebietsreform in Stettin eingemeindet worden sind.
Der Ort erscheint schon 1253 als »villa orreum« (= Dorf Scheune) unter den Liegenschaften der Stadt Stettin, die Kirche befand sich seit etwa 1300 im Eigentum der dortigen Jakobikirche. Das *Gotteshaus* ist in seinem Kern ein Findlingsbau aus der Zeit des späten Mittelalters, dem um 1800 ein Fachwerkturm mit sehr schlanker Spitze angefügt wurde. Der ganze Bau erhielt später eine Putzfassade, die beim Turm über eine Ziegelverkleidung gelegt wurde. Nach 1945 erneuerte man das Innere der ausgeplünderten Kirche und versah ihr Äußeres mit einem neuen Anstrich.

126 Der *Hauptfriedhof* von STETTIN war früher der zweitgrößte seiner Art in Deutschland. Er wurde ab 1900 im Winkel zwischen der Pasewalker Chaussee, wo auch der Haupteingang liegt, und der Berliner Straße von Meyer und Hannig angelegt und ersetzte einige alte Kirchhöfe im Stadtgebiet. Seine gärtnerische Gestaltung wurde zu Recht berühmt und machte ihn zu einer Sehenswürdigkeit, über die in den 1920er Jahren sogar ein eigener Führer erschien. Heute wird der Hauptfriedhof von den Polen weiter belegt, nachdem alle deutschen Grabsteine entfernt worden sind.

127 Kurz vor der Mündung der Plöne in den Dammschen See liegt ALTDAMM, Stettins kleine Schwesterstadt, die 1939 nach dort eingemeindet worden ist. Bereits 1121 war von einer Wallburg »Vadam« die Rede, die damals von den Polen zerstört worden ist. Später baute sich Herzog Barnim I. hier eine Burg und erteilte dem Ort Damm – so wurde Altdamm fortan noch bis in die Mitte des 17. Jahrhunderts hinein genannt – 1260 das magdeburgische Stadtrecht.
Das *Fürstenhaus* unweit der Marienkirche ließ sich Herzog Johann Friedrich als Absteigequartier auf dem Wege zu seinem Jagdschloß Friedrichswalde erbauen, nachdem das alte, von Barnim erbaute Schloß 1592 abgebrannt war. Der preußische König Friedrich Wilhelm I. schenkte den Renaissancebau der Altdammer Kirchengemeinde. Nach seiner Wiederherstellung ist darin jetzt eine Bibliothek untergebracht.

128 Das wohl beliebteste Naherholungsgebiet der Stettiner Bevölkerung ist früher wie heute die BUCHHEIDE geblieben. Sie ist ein von der letzten Eiszeit geformtes Stauchmoränengebiet, das sich zwischen Großer Reglitz und Plöne ziemlich unvermittelt über der nur wenige Meter über NN liegenden Niederung am Dammschen See bis zu einer Höhe von 150 m erhebt.
Die dichten *Laubwaldbestände,* vorwiegend Buchen, sind der Rest des einstigen Madanzig-Urwaldes, den 1173 die Pommernfürsten den Mönchen von Kolbatz schenkten; damals reichte er noch bis zur Plöne und zum Madüsee.
Der Nordrand der Buchheide war durch eine Kleinbahn erschlossen, die in Finkenwalde Anschluß nach Stettin hatte.

129 Von geradezu ergreifender Einfachheit ist das kleine *Fachwerkkirchlein* von SEELOW (Kreis Greifenhagen). Es entstand gegen Ende des 17. Jahrhunderts und zeichnete sich durch eine gut erhaltene barocke Innenausstattung aus. Die alte »heilige« Linde neben der Kirche auf dem Dorfanger steht heute nicht mehr, wie überhaupt viele der älteren, aus Fachwerk erbauten Gehöfte nach 1945 verfallen und verschwunden sind. Das Dorf gehörte im Mittelalter dem nahen Kloster Kolbatz und ist schon 1180 urkundlich bezeugt; es liegt auf dem westlichen Hochufer des Madüsees.

130 Im Jahre 1173 rief der pommersche Herzog Zisterziensermönche aus dem dänischen Esrom in die unwegsame Waldwildnis zwischen Plöne, Buchheide und Madüsee, wo diese unweit des alten Burgwalles von KOLBATZ (Kreis Greifenhagen) das erste Feldkloster Hinterpommerns errichteten. Leider machte der Dreißigjährige Krieg die prachtvolle *Abtei* zur Ruine. Doch im vorigen Jahrhundert wurde sie gesichert und wird seitdem bis heute als Kornspeicher genutzt. Lediglich der Chor und das Querschiff dienen als Gemeindekirche noch gottesdienstlichen Zwecken.

131 Nach den Annalen des Klosters KOLBATZ begannen die Mönche im Jahre 1210 mit dem Bau ihrer *Kirche*, die in ihren ältesten Teilen daher noch romanische Stilformen zeigt. 1253 wird bereits der Turm erwähnt, es ist der bei den Zisterzienserklosterkirchen übliche Dachreiter, der 1851/1852 aus Holz erneuert wurde und 1978 umgestürzt ist. Noch im 13. Jahrhundert wurde eine Erweiterung des Baues nach Westen hin vorgenommen, die 1307 ihren Abschluß fand.
1347 erfolgte die feierliche Weihe, nachdem zuletzt der hochgotische Chor errichtet worden war.
Die *Rose* an der Westfassade mit einem Durchmesser von etwa fünf Metern stammt noch aus dem 13. Jahrhundert und steht im Gebiet der norddeutschen Backsteinarchitektur wohl unerreicht da.

132 Die Stadt GREIFENHAGEN wurde im Jahre 1254 von Herzog Barnim I. gegründet und erhielt magdeburgisches Recht.
Zu jener Zeit begannen die Bürger der jungen Stadt auch mit dem Bau ihrer *Pfarrkirche*. Sie kamen wohl aus der nahen Mark Brandenburg und brachten von dort die Fähigkeit mit, die granitenen Feldsteine zu Quadern zu behauen und zu verarbeiten.
Die älteren unteren Teile des dem hl. Nikolaus geweihten Gotteshauses stammen noch aus dem 13. Jahrhundert, während die Aufbauten später erfolgten, zum Teil erst im 19. Jahrhundert, als die Kirche grundlegend umgebaut wurde. Der dreigeschossige gotische Turm erhielt erst 1938–1941 die achteckige barocke Laterne aufgesetzt. Sie trat an die Stelle eines gedrungenen, wenig ansprechenden spitzen Helms aus Ziegeln.

133 Die *St. Nikolaikirche* zu GREIFENHAGEN ist ein dreischiffiger Bau auf kreuzförmigem Grundriß, der ursprünglich als Basilika angelegt war, jedoch später teilweise zu einer Hallenkirche erweitert worden ist. Die ursprüngliche Balkendecke ersetzte man schon im 15. Jahrhundert durch kräftige Sterngewölbe. Von der alten Innenausstattung ist nicht viel erhalten geblieben, die im Bild sichtbare Kanzel aus Sandstein im Renaissancestil entstand 1605. Die im Jahre 1901 durch Hans Seliger erfolgte Ausmalung der Kirche wurde nach 1945 von den Polen leider übertüncht.

134 Mittelpunkt einer weiträumigen welligen Hochfläche ist das kleine Städtchen BAHN (Kreis Greifenhagen), das als die älteste Stadtgründung der pommerschen Herzöge gilt. 1234 erscheint der Ort erstmals als Stadt in einer Urkunde, in der Barnim I. den Templern das Land Bahn überläßt. Bald danach muß auch die *Pfarrkirche St. Maria Magdalena* begonnen worden sein. Die deutschen Neusiedler kamen aus der nahen Mark Brandenburg und brachten von dort die Kenntnis der Granitquaderbauweise mit. Das Gotteshaus ist neben der umseitig beschriebenen Greifenhagener Kirche die einzige Stadtkirche Pommerns, die aus behauenen Feldsteinen aufgeführt worden ist. Früher hatte sie einen breiteren Turm, 1853/1854 durch den noch stehenden ersetzt, dessen gotische Spitze allerdings 1945 zerstört wurde.

135 Eine eindrucksvolle Baugruppe ist das zweiflügelige *Schloß* in WILDENBRUCH (Kreis Greifenhagen) mit seinem wuchtigen Bergfried geblieben, trotz der Verwüstungen seiner Innenausstattung im Jahre 1945. Der heute verkommene, als Getreidespeicher genutzte Bau geht auf eine Kommtureiburg der Templer aus dem 13. Jahrhundert zurück. Nach 1312 kam sie in die Hände der Johanniter, die wohl auch den Bergfried erbaut haben. 1680–1788 gehörte Wildenbruch zur hohenzollerschen Markgrafschaft Schwedt, seither war es bis 1945 königliches Hofkammergut.

136 Ein schweres Schicksal erlitt die pommersche Kreisstadt PYRITZ in der Schlußphase des letzten Krieges 1945: Artilleriebeschuß und Brände zerstörten die Innenstadt nahezu völlig. Damit wurde eine der schönsten Städte Pommerns vernichtet, die in besonderem Maße sich ihr mittelalterliches Stadtbild bewahrt hatte. Der ganze volkskundliche Reichtum des fruchtbaren Pyritzer Weizakkers spiegelte sich in dieser Stadt wider, die als Mittelpunkt dieser wohlhabenden, bäuerlich geprägten Landschaft in sich selbst ruhte. Nur wenig überstand die Zerstörungen: Neben der Stadtmauer verblieb der untere Teil des *Bahner Tores*, die *Mauritiuskirche* (im Hintergrund) erhielt einen vereinfachten Turm und das *ehemalige Franziskanerkloster* (links) hat nach seinem Wiederaufbau eine Bibliothek aufgenommen.

137 Am Ostufer des Madüsees liegt WERBEN (Kreis Pyritz), das vom 14. bis zum 17. Jahrhundert ein kleines Städtchen war und 1186 als ein dem Kloster Kolbatz überlassenes Dorf erstmals bezeugt ist. Seine schöne Pfarrkirche, ein mächtiger Granitquaderbau aus dem 13. Jahrhundert, weist noch eine bemerkenswerte Innenausstattung aus der Zeit des Barock auf, die die bäuerliche Wohlhabenheit des Pyritzer Weizackers bezeugt. Besonders hervorzuheben ist das große *Gemälde* auf der *Holzdecke*. Es besteht aus neun einzelnen Bildern, von denen unser Ausschnitt die Ausgießung des Heiligen Geistes zeigt. Geschaffen wurde dieses überraschend gut gelungene Kunstwerk durch Johann Christian Thießen im Jahre 1738.

138 Der Pyritzer Weizacker galt in Pommern wohl immer als das Gebiet, dessen Bauerntum sich eines bemerkenswerten Wohlstandes erfreute, der sich in besonderer Weise in der Ausstattung der Kirchen niederschlug. Das wohl schönste *Gotteshaus* konnte das Dorf BRIETZIG sein eigen nennen. Auch diese Kirche ist ein einschiffiger Granitquaderbau der romanisch-gotischen Übergangszeit des 13. Jahrhunderts, der 1817 einen Turm erhielt und 1870 restauriert wurde. Leider hat man damals viel von der schönen barocken Ausstattung entfernt, aber das Verbliebene verdient noch uneingeschränkte Bewunderung. Das in Pommern einmalige, bemalte und reich verzierte Holzgewölbe mit seinen zwei Reihen zu je fünf Jochen wurde von einem Gesellen der Brietziger Mühle geschaffen, wie eine Inschrift besagt: »Michel Pahl Mühlenbursch hat diese Kirche durch Zimmer-Tischler-Drehen- und Schnitz-Arbeit auf- und ausgebauet Anno 1697«.

139 Als Teil einer reich entwickelten bäuerlichen Volkskultur war die Schnitzkunst noch bis ins 19. Jahrhundert hinein im Pyritzer Weizacker verbreitet. Ein älteres Beispiel dafür ist der *Schnitzaltar* in der Kirche zu BRIETZIG, den 1613 der Arnswalder Künstler Michael Haentz fertigstellte. Er ist ein gelungenes Beispiel der Zusammenfügung von Renaissance-Elementen mit den im Volke noch fortlebenden gotischen Formvorstellungen: Der Aufsatz zeigt ausgesprochene Renaissanceformen, gut zu erkennen in der Predella mit ihren derb geschnitzten Abendmahlsfiguren; in ihn eingefügt ist ein Triptychon, dessen überschlanke Figuren nur allzu deutlich in die Gotik zurückweisen. Mittelpunkt ist die 1,48 m hohe Marienfigur, die mit dem Christuskind auf einer Mondsichel steht. In den Seitenflügeln sind die zwölf Apostel aufgereiht. Die Gewänder sind durchweg vergoldet. Die Rückseite der Flügel ist mit Darstellungen der Leidensgeschichte Christi bemalt.

142 *St. Marien* zu STARGARD ist die Hauptpfarrkirche der Stadt, die im hohen Mittelalter, während der Blütezeit Stargards als Hansestadt, aus Steuern und Spenden der Stargarder Bürger und Kaufleute aufgeführt wurde. Sie ist nach ihren beiden hansischen Schwesterkirchen in Danzig und Lübeck der größte backsteingotische Kirchenbau Norddeutschlands und damit zugleich das größte Gotteshaus Pommerns. Der nach dem Brand von 1635 erst 1723 mit einer barocken Laterne versehene, 1945 abgebrannte und in alter Form wieder aufgebaute Nordturm erreicht eine Höhe von 84 m. Die beiden kleinen Häuser im Vordergrund nahmen nach ihrer Wiederherstellung in den dreißiger Jahren das *Heimatmuseum* der Stadt auf.

145
STA
noch
zugl
zwei
merr
te W
Das
meis
steh
fließ
und
zu s
mau
jetz
terb
det
nere
der
fen
noc
link
um
Mü
bal
anf
übe
me
neb

143 Die gewaltige Raumwirkung der *St. Marienkirche* zu STARGARD bewirkt besonders das 33 m hohe Mittelschiff, dessen Triforium im Chor in der norddeutschen Backsteinarchitektur einzig dasteht. Die der herben Ziegelbauweise wenig angemessene Ausmalung geht in die Zeit des Barock zurück, als nach dem Brand im Dreißigjährigen Kriege die Kirche bis 1661 wiederhergestellt wurde. Bei der durchgreifenden Renovierung von 1905–1911 verwendete man die gleiche Farbgebung wie im 17. Jahrhundert; auch die Quaderung der Pfeiler geht auf dieses Vorbild zurück. Der letzte Krieg hinterließ schwere Brandschäden, die Gewölbe waren zum Teil eingestürzt. Die Restaurierung begann nach 1960 und ist durch die jüngst erfolgte Ausmalung (nach dem Vorbild von 1911) jetzt abgeschlossen.

146 ZACHAN im Kreis Saatzig ist die einzige Stadt Pommerns, die einen – Dorfanger – aufzuweisen hat. Dieser scheinbare Widerspruch erklärt sich durch die einfache Tatsache, daß dieser Ort eigentlich ein Angerdorf ist, das irgendwie zu städtischen Ehren kam – wie, das weiß man nicht mehr.
Das schon 1269 als Dorf genannte Zachan gehörte zu den frühen Besitzungen des Johanniterordens in Pommern und wird erstmals 1487 als »Städtichen« bezeichnet, obwohl bis zu den Stein-Hardenbergschen Reformen 1806 die Pommersche Bauernordnung in Kraft blieb. Die Leinenweberei war neben dem Ackerbau bis zur Mitte des vorigen Jahrhunderts der Haupterwerb der Bevölkerung, die mit nur wenig über 1000 Seelen Zachan bis 1938 den Ruf einbrachte, kleinste Stadt Pommerns zu sein. Seine *Kirche*, ein Granitquaderbau des 13. Jahrhunderts, steht, wie es sich für ein Dorf gehört, auf dem Anger.

147 Die stattliche *Marienkirche* zu FREIENWALDE (Kreis Saatzig) ist das einzige Gebäude, das der Zweite Weltkrieg vom mittelalterlichen Kern dieser pommerschen Landstadt übriggelassen hat. Der grüne Rasen deckt heute die Fundamente der alten, zu Staub zerfallenen Häuser, und weithin grüßt nur noch die vertraute Silhouette des alten Gotteshauses über den nahen Staritz-See. Freienwalde hatte einst bessere Tage gesehen, als es noch ein blühendes Ackerbürger- und Handwerkerstädtchen mit rund 3 000 Einwohnern im Kreis Saatzig war. Wohl in der zweiten Hälfte des 13. Jahrhunderts ist es von dem aus Holstein stammenden Geschlecht v. Wedel gegründet worden und wird 1321 als »Vredenwolde« erstmals genannt. Die Kirche entstand in der Zeit nach 1450, eine »capella St. Spiritus« ist schon 1342 bezeugt. Bemerkenswert ist der in Pommern einmalige Laubendurchgang im Turm.

148 Im Jahre 1248 stellt Herzog Barnim I. zu Pyritz eine Urkunde aus, in der er das Kloster MARIENFLIESS stiftet. Zu jener Zeit war die für die Gründung vorgesehene Gegend zwischen Uchtenhagen und Enzig-See (Kreis Saatzig) noch weites Waldland. Schon bald nach der Errichtung der Abtei setzte im Auftrage der Zisterziensernonnen eine rege Siedlungstätigkeit ein, derzufolge die Dörfer Marienfließ, Büche, Rehwinkel, Ball, Goldbeck, Klein Schlatikow, Zarnikow und Falkenberg entstanden. Sie machten zusammen mit Teilen von Pegelow und Dahlow den Klosterbesitz aus. 1535 wurde das Kloster säkularisiert und in ein adeliges Fräuleinstift umgewandelt, das bis 1945 bestand. Die 1551 erbaute Kirche besaß zahlreiche barocke Kunstwerke, von denen hier das *Epitaph* des kurfürstlich brandenburgischen Rates Georg Andreas v. Thun gezeigt ist.

149 PANSIN im Kreis Saatzig besitzt ein altes, ins Mittelalter zurückreichendes Schloß, auf dem einst das Geschlecht derer v. Borcke saß. Matzke v. Borcke ließ im Jahre 1566 die alte *Findlingskirche* von Pansin umbauen und mit einem prächtigen Backsteingiebel versehen, der mit seiner eigenwilligen Blendenreihe, denen je ein nach oben offener Halbkreisbogen aufgesetzt ist, das Formenspiel der Renaissance zeigt. Die Kirche besaß zu Beginn unseres Jahrhunderts einen Holzturm, der 1902 durch Blitzschlag abbrannte. Der neue Turm entstand im Jahre 1906 nach dem Vorbild des Mulkentiner Kirchturms, der zu den besten spätgotischen Massivtürmen an pommerschen Dorfkirchen gehört.

150 Die Schloßruine zu DABER (Kreis Naugard) ist der letzte Rest der Stammburg des Geschlechts derer v. Dewitz, das wohl aus der Altmark stammt und urkundlich 1319 erstmals in Pommern und zugleich auch in Daber erscheint. Sie gehörten zu den Schloßgesessenen und damit zum höheren Adel und waren vorwiegend in der Osthälfte des Naugarder Landes begütert, das bis 1815 auch als »Daber-Naugard-Dewitzscher Kreis« bezeichnet wurde. Erbauer des Schlosses war wohl der pommersche Kanzler Jobst v. Dewitz, der um 1538 hier einen Neubau aufführen ließ (nur der *Bergfried* ist älter), der nach zeitgenössischen Berichten sehr prächtig gewesen sein muß. In den Kriegen des 17. Jahrhunderts ist er zerstört worden.
Das Städtchen Daber, urkundlich als civitas 1331 genannt, war über Jahrhunderte im Besitz der Dewitze und blieb bis 1945 eine kleine Ackerbürgerstadt.

151 Als Herzog Barnim I. 1268 der »neuen Stadt Gollenog, die nun Vredeheide genannt wird«, das magdeburgische Stadtrecht verlieh, konnte er nicht ahnen, daß sie weder bei diesem Recht bleiben, noch ihren Namen behalten würde: Bereits 1314 ging sie zum günstigeren lübischen Recht über, denn ihre Lage an der schiffbaren Ihna brachte der Stadt regen Verkehr von der Ostsee in ihren Hafen, dementsprechend ist sie 1368 auch als Mitglied des Hansebundes nachweisbar.
Der neue deutsche Name bürgerte sich jedoch nicht ein. So verblieb der Stadt die Bezeichnung der weiten Waldwildnis, an deren Rand sie entstanden war: GOLLNOW. Einen guten Teil der Sümpfe und Wälder erwarb sie in der Folgezeit, so daß Gollnow bis 1939 zur flächenmäßig größten Stadt Pommerns wurde.
Das mächtige *Wolliner Tor* ist mit seinen 35 Metern das höchste Stadttor Pommerns.

152 »MASSOW – dat was so, is un bliwt so!« sagten selbstbewußt die Einwohner des kleinen Ackerbürgerstädtchens im Südteil des Kreises Naugard, um ihre Beständigkeit und Zuverlässigkeit zu betonen, die man ihnen gern nachsagte. Einst der Stammsitz des Geschlechts derer v. Massow, entstand hier bald nach 1260 eine deutsche Stadt, die im Jahre 1278 magdeburgisches Recht erhielt. Die kreisrunde Stadtanlage mit ihrem gitterförmigen Grundriß hat der Bevölkerung bis 1945 weitgehend ausgereicht. Erhalten blieb von der Stadtbefestigung nur die Mauer und der *Wilhelmsturm.*

153 Im Unterschied zum etwa 40 km entfernten Stargard, der »alten Burg«, haben wir es hier mit der »neuen Burg« zu tun, die wohl um 1260 neben einem wendischen Dorf angelegt wurde. 1268 kamen Burg und das inzwischen entstandene »Stettlein Novgard« an den Bischof von Cammin, der es 1274 an die Grafen von Eberstein als Lehen austat. NAUGARD blieb nun bis 1663 mit seiner näheren Umgebung eine selbständige Grafschaft in Pommern, die ein brandenburgisches Amt wurde und seit 1815 den östlichen Teil des neugeschaffenen Kreises Naugard bildete. Am Ende des Zweiten Weltkrieges wurde die Innenstadt weitgehend zerstört. Die zwischen Marktplatz und dem Naugarder See gelegene Hälfte wurde nicht wieder aufgebaut. Von den alten Bauten sind nur die Kirche und das *Rathaus* erhalten geblieben.

154 Die *Kirche* von VOIGTSHAGEN (Kreis Naugard) ist eine der vielen schlichten Landkirchen im mittleren Pommern, deren Schiff aus Feldsteinen, der Turm aber aus Holz errichtet ist. Man sieht dem ehrwürdigen Bau an, daß er oft ausgebessert wurde; auch der letzte Krieg hat seine Spuren hinterlassen. Der geböschte Holzturm erhielt eine neue Bretterverschalung. Im Bild nicht sichtbar ist der prächtige Renaissancegiebel der Kirche aus der Zeit um 1600 mit seinen vier Reihen rundbogiger Blenden, die im Giebeldreieck oben von einer Kreisblende abgeschlossen wird.

155 PRIBBERNOW ist eines der größeren Kirchdörfer im Kreis Cammin, dessen *Gotteshaus* schon 1311 urkundlich bezeugt ist. Es steht inmitten des Dorfes auf dem schon vor 1945 nicht mehr benutzten Friedhof, der von einer alten Feldsteinmauer umgeben ist.
Von dem alten Findlingsbau des Mittelalters waren nach dem Dreißigjährigen Krieg nur noch die Außenmauern stehengeblieben. 1679 begann man mit dem Ausbau der Kirche, 1689 folgte der Turm, 1741 mußte eine Erweiterung vorgenommen werden. Das Gebäude hat in seinem Äußeren den letzten Krieg unbeschädigt überstanden; innen ist es verändert.

156 Die *Dorfkirche* von SCHWIRSEN (Kreis Cammin) gehört zu jener Art ländlicher Gotteshäuser in Pommern, die in der traditionellen Fachwerkbauweise errichtet sind. Das Kirchlein entstand 1681, wurde 1708 bzw. 1727 erweitert und 1939 im Innern neu ausgemalt. Ebenfalls aus Fachwerk ist das Schwirsener Gutshaus, 1718–1730 von den Flemmings erbaut, die im Camminer Land sehr begütert waren. Es galt in seiner barocken Regelmäßigkeit und Schlichtheit als eines der schönsten seiner Art in Pommern. Nach 1945 verfallen, geht die Wiederherstellung nur langsam voran.

157 Die *Kirche* zu JASSOW bei Cammin ist ein in seinen ältesten Teilen aus Feldsteinen errichteter Bau. Die ursprünglich vorhandene Flachdecke wurde 1913 durch eine am Dachstuhl aufgehängte Holztonnendecke ersetzt. Dabei ist die Deckenbemalung des Wolliner Meisters Sellin aus dem Jahre 1681 auf die neue Tonnendecke kopiert worden. Sie zeigt den Ambrosianischen Lobgesang mit Vorspruch nach dem Tedeum, aufgeführt von einem Orchester von Engeln. Auch die Bemalung des Kirchengestühls und der äußeren Teile der Emporenbrüstung wurde 1682 von Joachim Sellin vorgenommen.
Die Jassower Kirche gehört zu den nicht mehr sehr zahlreichen Gotteshäusern Pommerns, die sich noch ihr anheimelndes Innere bewahrt haben.

158 Der ehrwürdige *Dom* St. Johannes des Täufers zu CAMMIN war einst die Kathedrale eines ganz Pommern umfassenden Bistums, das 1140 kurz nach dem Tode des Pommernmissionars Otto v. Bamberg in Wollin gegründet, aber 1175 in das sicherere Cammin, das damals Fürstensitz war, verlegt wurde. Der kurz darauf begonnene Dom ist in seinen älteren Teilen in romanischen Formen aufgeführt worden (im Bild rechts), während die schöne Südwand (links) aus der Zeit der Spätgotik (15. Jahrhundert) stammt. Der einem Westwerk ähnliche Turm ist erst 1936 nach Umbau eines neugotischen Vorgängers vollendet worden. Der Dom erlitt im letzten Krieg nur geringe Schäden.

159 Der Dom zu CAMMIN besitzt die vielleicht schönste *Orgel* Pommerns. Sie wurde im Jahre 1669 von Michael Birgel fertiggestellt; Johann Schmidt aus Stargard führte die Malereien und Vergoldungen aus.
Der Prospekt wird von der Figur des Erzengels Michael mit dem Flammenschwert bekrönt, in der Mitte steht Johannes der Täufer, dem die Kirche geweiht ist, und unter dem Werk ist das Bildnis Ernst Bogislaw v. Croys, des letzten (designierten) evangelischen Bischofs von Cammin, zu erkennen, der viel für diese Kirche getan hat und auch die Orgel erbauen ließ. 1888 baute die Stettiner Orgelbaufirma Grüneberg in den alten Prospekt ein neues Werk ein, das heute noch vorhanden ist. Es umfaßt 47 Register und 2707 klingende Stimmen.

160 Der *Kreuzgang* am Dom zu CAMMIN ist der älteste seiner Art in Pommern und der einzige, der erhalten blieb. Er schließt unmittelbar an die Nordwand des Domes an, die aus Granitquadern erbaut und das älteste steinerne Bauwerk im Lande ist.
Die Kleriker am Dom lebten in einer Art klösterlicher Gemeinschaft und erbauten sich daher in der ersten Hälfte des 14. Jahrhunderts auch diesen Kreuzgang. Spätere Zeiten gingen mit ihm nicht sehr pfleglich um; durch Einfügung von Wohnungen und Schulräumen war er lange völlig verbaut, bis er 1881/1882 auf Veranlassung des späteren Kaisers Friedrich restauriert wurde.

161 Im Gegensatz zum Dom hat die Altstadt von CAMMIN gegen Ende des Zweiten Weltkrieges durch Beschuß und Brände erhebliche Schäden erlitten, die zum Verlust der meisten Bürgerhäuser geführt haben. Inmitten der in eintöniger Weise neu aufgebauten Häuser hebt sich neben dem restaurierten Rathaus ein Fachwerkhaus wohltuend heraus, das 1971 in alter Form wiedererstand: Es ist das Gebäude der früheren Kolonialwarenhandlung *Hoefs* am Markt/Ecke Domstraße aus dem 17. Jahrhundert, heute als »Haus der schöpferischen Arbeit« ein Hotel.

162 Der Name DIEVENOW steht in Pommern gleich für vier Ortschaften und ein Gewässer. West-, Ost-, Berg- und Walddievenow waren einst bekannte Ostseebäder zu beiden Seiten der Mündung des *Stromes*, der ihnen den Namen gab, der Dievenow. Ein breites, boddenreiches Gewässer ist sie, das sich über 30 km als östlichster der drei Mündungsarme der Oder zwischen der Insel Wollin und dem hinterpommerschen Festland entlangzieht. Das heute seichte Gewässer war im Mittelalter neben der Peene der Hauptzugang zum Stettiner Haff, die Lage von Wollin und Cammin beweist es.

163 Man hat es lange gesucht, das sagenhafte, untergegangene Vineta – gefunden hat man es in den 30er Jahren durch Ausgrabungen in WOLLIN. Einst lag hier die große Handelsstadt Julin oder Jumme, bei den nordischen Völkern auch Jomsburg genannt, bis sie im 12. Jahrhundert zerstört wurde. Ein modernes Vineta ist das heutige Wollin: Im Zweiten Weltkrieg fielen über 90 v. H. aller Gebäude der Vernichtung anheim, darunter die gesamte Altstadt mit den beiden Kirchen St. Georg und *St. Nikolai.* Von der letzteren stehen noch die Umfassungsmauern und warten auf den Wiederaufbau.

164 An der Küste bei SWINEMÜNDE auf Usedom erreicht die Ostsee ihren südlichsten Punkt. Sie hat hier einen außerordentlich feinsandigen, flachen *Strand* geschaffen, der die besten Voraussetzungen zur Entwicklung eines Ostseebades bot. Das von Friedrich d. Gr. im Jahre 1743 als Hafenstadt gegründete Swinemünde wuchs bis 1939 zu einem der meistbesuchten deutschen Seebäder heran. Die Oder-Neiße-Linie trennt es heute von seinem Nachbarort Ahlbeck (der Grenzverlauf ist an der Menschenleere zu erkennen); fern sind die Höhen von Heringsdorf und Koserow gerückt.

165 Das Besondere an der Lage von MISDROY auf der Insel Wollin liegt darin, daß es seewärts bis zu dem breiten offenen *Strand* herabsteigt und andererseits von Höhenzügen umgeben ist, die am Nordende des Ortes steil zum Meere abfallen und ihn im Osten und Südosten schützend umgeben. Prächtige Laubwälder und dichte Nadelwälder umkränzen den Ort auch im Osten und Westen. So konnte sich Misdroy zu einem der bedeutendsten unter den vielen Ostseebädern entwikkeln und bot eine gute Mischung aus Familienbad und Kurort für anspruchsvolle Einzelurlauber.
Nach dem Kriege erhoben die Polen den Ort zur Stadt; seit 1975 ist es in das 15 km entfernte Swinemünde eingemeindet.

166 Das Ostseebad HERINGSDORF auf Usedom entstand 1818 als Fischerkolonie des Rittergutes Gothen und ist seit 1828 Badeort, als der dortige Gutsbesitzer v. Bülow ein »Gesellschafts- und Logierhaus für Badegäste« errichten ließ. 1872 erwarb die Gräfin Stolberg-Wernigerode das Bad, das später Kommerzienrat Dr. Delbrück zu Weltruhm brachte. 1921 kaufte es die Gemeinde. Seinen Aufschwung als bevorzugter Badeort der wohlhabenden Berliner Bevölkerung verdankt es jedoch der Fertigstellung der durchgehenden Eisenbahnverbindung nach Berlin über Swinemünde-Ducherow im Jahre 1894. Heute erinnern in dem Seebad nur noch die repräsentativen Pensions- und *Hotelbauten* an jene glanzvolle Zeit.

167 Das *Schloß* zu MELLENTIN auf der Insel Usedom ist einer der stattlichsten Herrensitze Pommerns. Es wurde 1575–1580 anstelle der alten Stammburg des Geschlechts von Neuenkirchen (Nienkerken) durch Rodiger v. N. errichtet und war bis ins 17. Jahrhundert hinein im Besitz dieser Familie. Das Gebäude ist in massiver Weise aufgeführt und in seinen Renaissanceformen den alten Teilen des Stettiner Herzogschlosses verwandt, so daß auf den gleichen Baumeister geschlossen werden kann. Dem Hauptbau sind rechtwinklig zwei hier nicht sichtbare Seitenflügel zugeordnet.

168 Nördlich von Heringsdorf tritt ein Rest eines Moränenzuges an die Ostsee heran, der wie hier bei KOSEROW in einem der eindrucksvollsten Abschnitte der pommerschen *Küste* zum Meere hin abbricht. Hier stirbt am Rand des Kliffs alles Leben ab und stürzt in die Tiefe, wo es das ewige Meer zermahlt. Die zahllosen Steinblöcke haben die Menschen hier einst das sagenumwobene Vineta suchen lassen, das wegen seiner Habgier, Götzendienerei und Laster unterging und auf dem Grunde des Meeres liegt. Doch was das Meer hier nimmt, schenkt es anderenorts wieder – so wie in der Natur Leben, Sterben und wieder Leben einander ablösen. Möge es immer so bleiben…

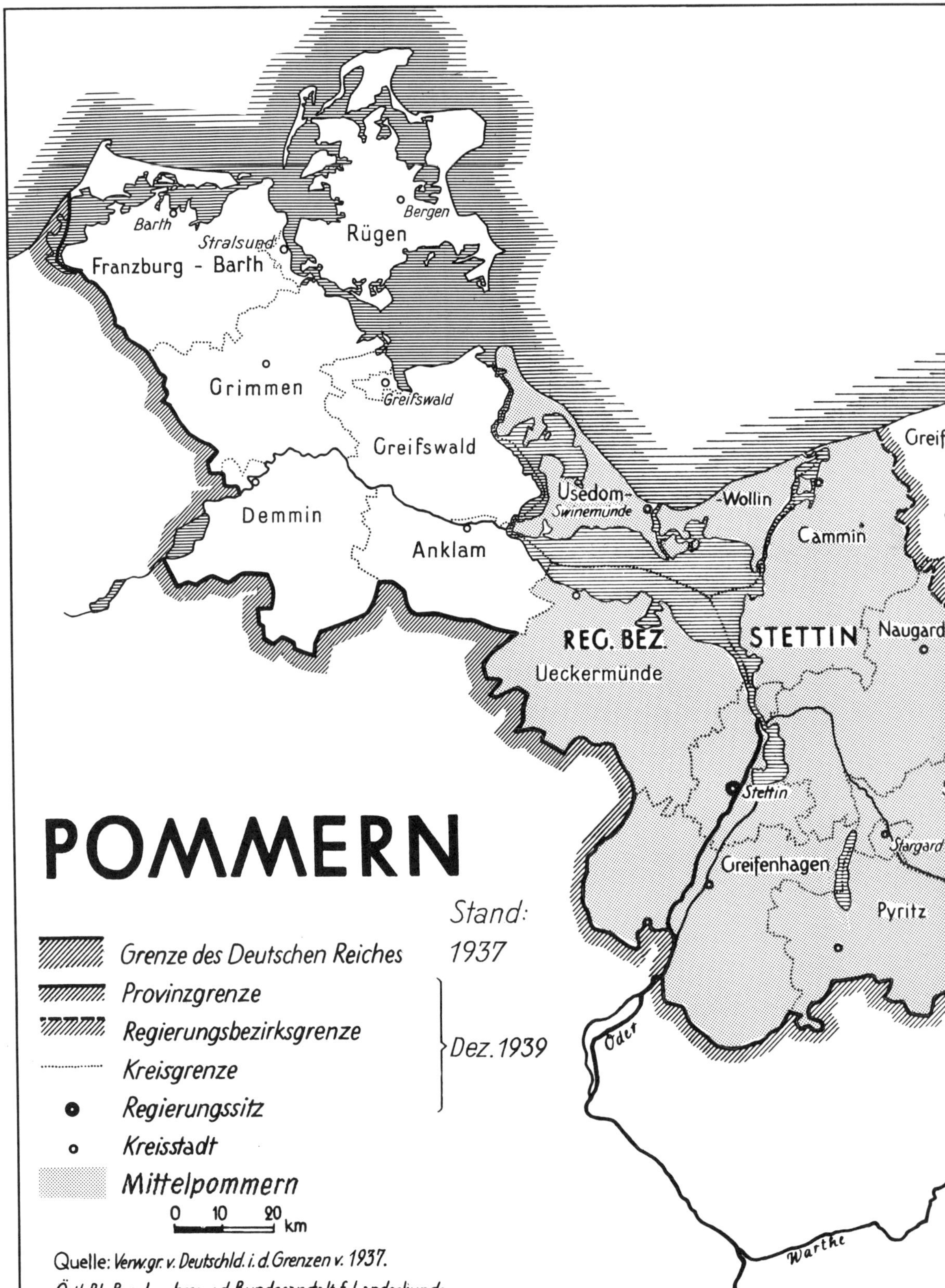
POMMERN
Stand:
Grenze des Deutschen Reiches
1937
Provinzgrenze
Regierungsbezirksgrenze
Dez. 1939
Kreisgrenze
Regierungssitz
Kreisstadt
Mittelpommern
0 10 20 km
Quelle: Verw.gr. v. Deutschld. i. d. Grenzen v. 1937.
Östl. Bl. Bearb. u. hrsg. v. d. Bundesanstalt f. Landeskunde.
Barth
Stralsund
Franzburg - Barth
Bergen
Rügen
Grimmen
Greifswald
Greifswald
Demmin
Anklam
Usedom-
Swinemünde
Wollin
Cammin
Greif
REG. BEZ.
STETTIN
Naugard
Ueckermünde
Stettin
Stargard
Greifenhagen
Pyritz
Oder
Warthe